登校拒否・不登校――親たちのあゆみ――

登校拒否・不登校問題全国連絡会25年のあゆみ編集委員会 編

はじめに

登校拒否・不登校問題全国連絡会（「全国連」）は１９９５年1月、阪神・淡路大震災の直後、大阪で産声《うぶごえ》をあげました。一面、瓦礫《がれき》の山だった阪神間の惨状が今も目に焼きついています。

それから25年余り、不登校の子どもの親たちの交流と支えあい、学びあいを中心に、今日まであゆみを重ねてきました。

「全国連」のあゆみをまとめようと提起があったのは２０１７年でした。同年7月の全国世話人会で「25周年記念誌」を編むことが決まりました。何回かの準備会を経て、２０１８年11月、第1回編集委員会を開きました。メンバーは、「全国連」らしく、選ばれたわけでもなく、指名されたのでもない八人でした。その後、大阪「登校拒否を克服する会」の読書会から五人が加わりました。以後、2年近く、30数回の編集委員会で議論を重ねてきました。しかし、新型コロナウイルスの影響で数か月間中断を余儀なくされました。予定より遅れましたが、ようやく出版にこぎつけることができました。

25年間の活動を記録に残しておきたい、そして「全国連」の活動を社会的に発信したい、との思いから出発した取り組みでした。しかし、編集委員会で議論を重ねるうちに、親の手記を中心に、親が気軽に手にとって読めるとともに、不登校問題の解決にも役立つような書物を編もうということになりました。かもがわ出版が刊行を引き受けてくれたことも大きかったことでした。「25周年記念誌」を編むことをめざした編集委員会でしたが、最終的には『登校拒否・不登校―親たちのあゆみ―』と題して刊行することとなりました。

これまでの全国連のニュースに掲載された多くの人たちの原稿のなかから、編集委員会で内容を検討、執筆者と連絡をとり、了解を得ました。編集委員会で出た意見をお伝えし、加筆・修正をお願いした場合も多くあります。こころよくお引き受けいただいた三十人を超える方たちのご協力のおかげで、こうしてみなさんにお届けすることができました。

ご協力いただいた多くの方々に感謝申しあげて、刊行のことばといたします。

2020年10月

登校拒否・不登校問題全国連絡会25年のあゆみ編集委員会

登校拒否・不登校―親たちのあゆみ―　◆もくじ

親の会に出会って

全国のつどいにつながって

学校に希望を

当事者の声を聴く

〈組版〉東原 賢治
〈装丁〉加門 啓子

わが子の登校拒否・不登校

――いっぱい揺れてみつけたたからもの――

この本を手にとってくださったあなたへ

「登校拒否」「不登校」「親のあゆみ」
どの言葉があなたの心にとまったのでしょうか。

この本をつくった私たちもわが子の不登校に悩む親自身です。

突然やってきた我が子の登校拒否。
子どもの思いに向き合う親自身の思い。

それまでの価値観がゆさぶられるなか、
縁あって各地の親の会や、全国連絡会、「全国のつどい」につながりました。

「自分だけではない」と知り、

たくさんの、親ならではの失敗をしながら、
いろんなことに気づかされつつ今日まできました。

この本には、
まさに渦中の若い親、長い経過をたどってきた人、すでに旅立たれた先輩たち、
そして子どもたちを思う教員や支援者、そして当事者、
ともにこの会につながった多くの人びとの手記を集めています。

悩みながら歩んだ私たちの手記が、多くの方の目に触れて、
何かを感じ取っていただけますように願っています。

◆親と子の葛藤◆

かけがえのないわが子の登校拒否——初めて気づいた宝物の時間

鈴木　夏江（東京）

仕事しながら病院通い、必死に育てた

順調な妊娠経過と正常分娩で生まれて6か月、娘は心臓の手術を受けることになった。おそらく肺炎を起こしたことから心臓の弁に突然異常ができて逆流しており危険な状態であること。まだイチジク位しかない大きさの心臓を一度止めて人工心肺につなぎ、1センチのメスを入れて、ミクロの弁をつくりなおすという超高度な手術。最悪の場合もありえると説明され、目の前は真っ暗になった。

このかわいい笑顔のこの子、私の命……このままだと死んでしまうのか？　そんな！　どうか神様たすけてください！　替われるものなら替わってやりたい。それもかなわず、ただただ祈るしかなかった。家には、他の子どもたちもいる。涙は見せられなかった。苦しくて我慢できず、お風呂の中で泣いたっけ……。手術の日まで不安で押しつぶされそうだった。

幸いにも経験ゆたかな医師の努力によって奇跡的に手術は成功した。しかし、後遺症の不整脈が

でて、その後半年も退院できず、家族と離ればなれのまま、娘は一歳になった。離乳食も病院で、初めての寝返りもハイハイも病院のベッドの上だった。私は毎日毎日、仕事が終わってから病院へ駆け込み、消灯までいてそれから自宅に戻って他の子の世話をして……。もうてんやわんやすぎて記憶が定かではないが、いったい夫とどうやってやりくりしていたのだろう。四人の子どもたちは誰もが大事。気は抜けなかった。

そんな大変な状況にもかかわらず、私には仕事を辞める考えはなかった。訪問看護ステーションの所長として育休あけで復帰したばかりで仕事は忙しかったし、何より訪問看護の現場が私は大好きで、難病や障害とともに在宅生活をしている方の支えとなることが、私自身の喜びであり生きがいだったからだ。だからすべてをこなそうと必死だった。

大事な娘が登校拒否

そんな人生で一番ともいえる辛い経験を乗り越えてきていたので、娘が元気に小学校の入学式を迎えたときは、本当にうれしかった。成長した娘は、体力もついて頭もいい、友だち付き合いも上手、とても器用で、笑顔がとびきりかわいくて……。親バカながら自慢の娘に成長していた。あとはみんなと同じように当たり前に小学校にいって当たり前のように成長していくのを楽しみにしていたのに、その子が、登校拒否するとは……。

3年生の夏休み前に身体をこわばらせて学校へいくのを嫌がるようになったのだ。5月ごろから宿題が終わっていないと夜中に目が覚めて、寝ている私を起こして音読や漢字書き取りを泣きながらしたり、夜うなされていたり……。おかしいなとは思っていた。しかし私は相変わらず時間に追われ、仕事から帰ってから夕飯をつくってみんなに食べさせ、片付けて風呂に入って、とにかく明日のために寝るというパターンで生活していたので、ここに子ども四人を丁寧にみている余裕も、体力も全くなし。「宿題は自分でやってなければ、明日、先生に怒られなさい。自分でこまらないとしないよねえ」と言いながら、各自にまかせきり状態だった。娘の苦しみが積もりに積もっていく最中、私はちゃんと見てあげられていなかったなあと今は後悔している。

夏休みが明けても学校へ行く気配はなし。仕方なく、日中は家で独りで昼寝してゲームやテレビを見て過ごし、仕事の融通がきく夫が昼に一度帰ってきて昼食を一緒にとる……。とじこもったまま9月は過ぎていった。そもそも、娘はなぜ登校拒否してるのか、その原因は担任も私にもわからず、娘にたずねても「わかんない」という。学校の話しをすると笑顔がなくなってイライラする娘をどうしてやったらいいのか……、悩む日々が始まった。ただ、娘のありのままを受け入れてやるしかなくて、「思うようにしていいんだよ。どんなあなたもママは大好きだからね」といって、抱きしめて安心させてやるしかなかった。

一緒に学校に通った日々

完全に登校拒否して2か月たち、どうなることやらと見ていたら、さすがに何週間も家に閉じこもっていたので、ゲームにも飽きて退屈になって友だちと外で遊びたいという気持ちが出てきたようだった。そこで、学年担任から3年生全員に娘が登校拒否していることを公表してもらい、放課後の時間は、元気を取り戻すために外で遊ぶ必要があるから、公園で遊んでいても変に思わないでほしいと、わかりやすくシンプルに説明してもらった。すると安心した娘は放課後の時間は公園や児童館に出かけて行き遊べるようになった。少しずつ笑顔が見られるようになってきた時期に担任が放課後友だちと一緒に学校で遊ぼうと連れ出してくれたことをきっかけにして、学校に気持ちが向き、大好きな図工だけ行きたいと言いだした。ただし図工だけだから、親の送り迎えが必要。また、本人は不安が強く、私に一緒にいてほしいと言う。

その願いは、私が多忙な仕事をしていてはかなえられない願いだった。娘が、私を必要としている。私はそのとき覚悟をきめた。仕事は辞めよう。親にとって、子どもの笑顔以外に大切なものなんてない。娘の苦しみを理解するためにも今こそしっかり寄り添ってやりたいと思えた。仕事はまたいつか必ずできる。今しかないと決心し、私も一緒に学校へ通う日々が始まった。

一時間だけ出て帰る日々が1か月ほど続き、そのうちに得意な算数に出る、苦手な国語や社会は教室を出て保健室や図書室で私と一緒にドリルしたり遊んだりして過ごし、お腹がすくので給食も食べて、掃除して、昼休みは友だちと遊ぶ、そのまま午後もすごし、友だちと一緒に帰るという具合に、娘は自分の意思で教室を出たり入ったりしながら学校で過ごす時間はだんだんと長くなった。しかし、娘の気分は晴れたり荒れたり不安定で、テストをビリビリと破いてしまったことも衝撃的だった。付き添っている私の気持ちも事あるごとに浮き沈み激しく、担任の前で泣いてしまったこともある。こんな状態いつまで続くんだろう、いっそのこと学校は行かないほうが楽だからやめようと言いたかった。

そんな調子だったが、娘の意思で学校に一緒に行きはじめてから、半年がすぎた。教室の後ろの席をもらって見ていたが、登校拒否した原因もだんだんわかってきた。娘は感受性が高く、こだわりも強くあるので、決まった学校の枠に合わせることが苦痛だった。また、宿題が多すぎて、やり切れず、できないまま持って行くことが許されないと自分を追い込んで行った。難しくなった授業では何をやるのかわからずにパニックになっていた。他にもいろいろとあるのだが決定的なのは、その困っていることを、新担任に打ち明け助けを求めることができず、張り詰めがんばり続けてしまい、気を抜ける楽しい時間と安心できる場所が学校の中になかった。このことが登校拒否する最大の理由だったのだと、今は良くわかる。担任は新任で慣れない中、必死に学級運営をしていたし、娘が飛び込んでいける信頼関係はまだできていなかった。

今、学校に対して願うのは、安心して自分を出して良いんだよ、まちがえたっていいんだよというメッセージを子どもに発信して欲しいということだ。さぼっている、わがまま……と見られがちな子に対して、叱ったりがんばれという前に、弱った気持ちに気づき、大変だよねとまず共感し導いて欲しい。どの子も揺らぐ思いと、それでも自ら学ぶ力を持っているし、その意欲こそ育てて欲しい。思いに寄り添ってもらえたなら、きっと娘は、安心して一人で学校へ行けるだろう。

そして私自身が笑顔で、子どもの心に寄り添う丁寧な子育てをしていかなければ……。はなればなれだったあの手術からの半年間をとりもどすように、子どものすべてを受け入れ、心のわずかな揺らぎにも向き合い親として成長させてくれた大切な宝ものの時間。これからだよね。

◆親と子の葛藤◆

あんた、ホンマはどうしたいの?
――「聴くこと」は私の一生のテーマです

古庄　和美（大阪）

わかっているつもりでも

長男が腹痛、下痢、頻尿、チックとさまざまな身体症状を出しつつ、登校しぶりを始めたのが9年前、やがて閉じこもり、そして自ら外の世界へ第一歩をふみ出し、定時制高校卒業後、調理師を目指して専門学校へ通っています。

大阪教育文化センターで教育相談を受け、その頃の記録を久々に読み返してみると、頭で理解することと、心からそう思えることとの大きな違いに唖然とします。何事も本人の意思を尊重して、口でうるさく言ったらあかんとわかっていても、頭の中にしっかり〝お勉強〟という意識がこびりついている私は、進路選びでも「あんなとこあるよ」「こんなとこどう?」とつつき回し、塾の先生に頼ろうとしていたことがよくわかります。基礎学力がついていないから……と学校に頼んで留年させてもらい、中3を二回しました。結局学校にはほとんど行けず、あっさりと卒業させてやればよかった……と思うのは今だから言えることで、あの頃はそれがベストだと思い込んでいました。

家では5歳違いの弟をいじめ泣かせて、弟にチック症状が出るほどでした。弟を連れてこの家を出て行こうと何度も荷造りしました。その時は〝弟がかわいそう〟の一念だったのですが、何年か後、長男を連れて家を出ようと思ったことは一度もなかったことに気付いた時、「なんて冷たい母親だったか」と胸がつまりそうでした。

スタートライン

ある定時制高校を受験して、合格しましたが、なかなか入学手続きをしません。いよいよ明日が締め切りという夜になりました。自室でずっとウロウロ歩き回っている姿に、それまでの〝なんとか行ってくれたらなぁ〟という気持ちがスーッと消え、本心を聞いてみようと思いました。

「あんた、ホンマはどうしたいの?」

「オレ通う自信がない。もう一年家におってもええか?」

それが答えでした。

「あんたの思う通りにしたらええよ」と言うと、険しかった表情がさーっと変わり、心からホッとした顔になりました。

「この子はこのひとことが言えずに悩んでたんやなあ。たったこのひとことを言わさない親をやってたんやなあ」

今までいかに親の思いで我が子を引きずり回していたかを目の当たりにして、もう何も言えず、私は息子の顔をじっと見つめていました。

「この子が本当にやる気になった時が歩き出す時や」と、理屈抜きで胸からおなかにストンと落ちたその日のことが忘れられません。子どもの心に添える親としてやっとスタートラインに立てたように思います。

それから一年間、プラモデル、マンガ、ＴＶゲームの生活は相変わらずでしたが、次第に落ち着きを取り戻し、子どもらしい、かわいい表情を見せるようになり、寝顔も安らかになっていきました。部屋を片付けたり、大事に抱え込んでいたプラモデルを弟に譲ったり、少しずつ変化が見られるようになりました。そして「オレもう一回定時制受ける」と告げ、ひとりですべての手続きをして、入学しました。

「この子の生活の場ができたんやなあ」と入学式ではうれしくて涙ぐんでしまいました。

定時制高校には、うんと年上の人やら、複雑な生い立ち、家庭環境の子がいて、息子はそんな異質との出会いの中から多くのものを感じ取り、自らを客観化し、整理していったようです。「オレって幸せなんやなあ」としみじみ言ったり、かと思うと「オレどこで道を誤ったんかなあ」と冗談交じりにチラリと愚痴ってみたりで、１００パーセント本意ではなかったかもしれませんが、21歳で卒業式を迎えました。アットホームな雰囲気の中、クラブの後輩からもらった花束を抱え、面映ゆそうに立っている姿にまた涙してしまいました。

親の頑固さから、回り道したかもしれませんが、この9年間は、家族関係を見つめ直し、本当の親になるために必要な年月だったと思っています。

『縦結び』

鳥羽　恵（埼玉）

私にべったりだった三番目といつからか距離が出来て数年。責めるようなまなざしと、寄せ付けない空気と、罵詈雑言、それでいていつも私を意識しているような切なくて不思議な距離感。

三人の子どもそれぞれが小学校に行かない、長い長い日々の中で三番目のこの子への私の思いは、私と子どもの距離は子どもが決める、私から踏み込まない、子どもから求められたら精一杯応える……。そう決めて、近いときも遠いときもそのまま見つめてきた距離感でした。

大晦日、その距離に突然変化が起きました。

短い休みに全部の大掃除をしようと頑張る私はてんてこ舞い、バタバタガチャガチャ掃除をしていると三番目が階段を下りてきました。「うるさいっ！」って言うんだろうなと思ったら、私に聞こえてきた言葉は、「何か手伝おうか？」。天地がひっくり返るほどびっくりしました。

引き出しの中や食器棚、本棚、彼女の得意な「整理整頓」をお願いし、ブンブン掃除機振り回す私とコツコツ整理整頓する三番目、平行線だけど一緒の時間。あと数時間でお正月という頃、さっぱりした部屋で私は明日のおせち料理つくりを始めました。

整理整頓を終えて黙って2階に上がった彼女がまた下りてきて、「何かすることある？」と。私はちょうど鰊を昆布で巻いてかんぴょうを結わいているところでした。

「私もこれやる」と隣で始めた彼女の昆布巻きは「縦結び」。もうすぐ18歳になる彼女が紐を上手に結わけないことがずっと気になりながらも、それを教えられる距離に近づけずに今日まで来ました。

出来上がった昆布巻きはもちろん縦結び。私の昆布巻きと自分の昆布巻きを見比べて、彼女のほうから、「私うまく結わけないんよねえ。どうやるの？」。

そこからかんぴょうで何度も結わき方を伝えました。

「リボン結びも同じ？　買った服のリボンが解けたらもう元通りに出来なかった……」と三番目。私をさけて聞けなかった娘と、近づくことができず教えられなかった私。今度はかんぴょうを長く切って、ふたりでリボン結びの珍しい昆布巻きを作りました。

いくつもいくつも食べ切れないほど作りながら、私にはそのリボン結びが私と娘に見えました。一瞬であっても「縦結び」を結びなおしたような気持ちでした。

山のような昆布巻きをながめてその時ふと思ったこと……。「寄り添う」って、もしかしたらあるとき、ある意味ではただひたすら「我慢」することなのかもしれないと。

夫に「あの子と私のこの距離は、ずっとこのままなのかなあ～」とこぼしたのは寒くなり始めの頃。夫は一言、「オレとはふつうだよ」と得意気に。私の心の底からの呟きを、大切にすくい取ってくれなかった夫にがっかりして、言うんじゃなかったと思ったのと同時に、もしそうなら、ずっとこの距離のままなら、この細いパイプをうんと大切にしようとひとり思い、いつも責めるようなまなざしの三番目のふとした瞬間のゆるんだ笑顔や、聞こえてきた笑い声や、うっかり言ってしまったかのような返事のひとつひとつを宝物のように拾い集める日々を過ごして来ました。

例年よりたくさん並んだ昆布巻き眺めながら、「たとえ糸のように細くなってもこの子と繋がっていられますように」と心から願ったあの日のことを思い出して、私の新年は始まりました。

◆親と子の葛藤◆

峠はるかに――父として登校拒否の息子と歩む

細谷　純（大阪）

順調だと思っていたが

修は地元の市立中学校に入学。入学当初から微熱が続き、体調を崩しがちであった。幼少の頃から虚弱だったので、この機会にと5月の連休を利用し、検査入院させた。結果は「異常なし」と出て、ほっと安心した。

修は中学入学当初、何かと期待するところがあったようで、自分なりの夢をもっていたようであった。若くして銀行の支店をまかされ、しっかりとした社会的地位・立場にある親の私と同じ生き方をして欲しいと思っていた。そんな折り「修が学校へ行くのを嫌がっている」と妻から聞かされたのは、5月の終わり頃であった。

学校に行く時間になると、「頭が痛い」「腹が痛い」と言うのを、怠けている、としか思えなかった。友だちが迎えにくれば登校することもあった。友だちの迎えを頼むように妻に指示していた。6月になり、「だんだん、学校へ行くのを嫌がるのが激しくなった」と妻から訴えられた。

説得すればするほど

自分の出社を遅らせ、「頭が痛い」「腹が痛い」と言う修の手を思い切り引っ張って玄関を出て、表で待っている友だちに引き渡した。学校に行くと、何事もなかったように振るまっていると担任の先生から連絡があり、無理にでも登校させれば、解決する問題だと思っていた。登校を嫌がっても、手を引っ張り、尻を押すことで修の今の状況を打開できると考え、妻の訴えに対して、私の子育て方針を示した。

会社で部下に迷惑もかけず、仕事に支障もきたさず、後ろめたい思いもしないで済み、ほっと安心していた。

登校時間にあわせて出社を遅らせ、叱りつけて登校させようとすると、目に涙をためて「自分で行くから」と言う。「このごろ家を出てもすぐに戻ってくる」と聞かされていたので、後をつけて見ていると後戻りをしてきた。戻ってきた修を妻は黙って家にいれていた。夫婦で子育てについてのズレを感じた。情に流されて修を家に入れている妻の考えは、本当に子どものためにならないと思った。

子育て、教育などは、教師のほうがプロとして冷静で正しい判断ができるはずと思い、担任の先生に家庭訪問をお願いした。じっくり時間をかけ、私も同席のうえで、夜遅くまで修を説得した。説得すればするほど、修の顔がくもり、暗くなってきたけれど、やっと「学校に行く」と返事があった。学校は行くもの、教育は受ける義務があるものという当たり前のことが、やっとわかったと思った。修は約束した。

ところが、朝になると修は、ドアを開かないようにして、自分の部屋から出なくなった。妻が食事を作り、部屋に持って行ってもドアを開けてくれない。ドア前に食事を置いても、いつまでたっても手をつけていない状態だった。部屋をしめ切り、暑い中「コーラ、ジュース、ポテトチップ」と大声で叫ぶ。体に悪いから食事するようにと言っても怒りだすだけだった。壁をたたく音、テレビのボリュームをいっぱいに上げ、何をしているのかわからないままになっていた。

夫婦の葛藤

「修がこんなになったのは、しつけ方が悪いからだ。母親として何をしていたのか。しつけ、教育は母親の分担。家を支えるのが私の責任。経済的にも不自由させていない。自分の体験からも親を見ていれば自分で判断できるはずだ。家事をキッチリ守っていれば、子どもは素直に成長する。母親がもっとしっかりしていたら、こんなことにはならない」と妻をなじった。妻は「一から十まで相談しているやないの」と泣いた。

修の部屋の中は、ナイフで切り裂かれ骨だけになったフスマ、菓子の袋やカビの生えた食べ残しが散乱していると妻から聞かされたが、仕事に明け暮れ、子どものことに目をつぶり、私生活からの脱出のために仕事に埋没している自分がそこにあった。夫婦間の険悪な空気が修にも伝わっていたようだった。

仕事上の職務責任の完遂がないところに、人としての自立はない、そのためには教育、学歴が必要、今の修の状況は落伍者であり、この状況を打破して学校へ行かす以外に道はないと私は思っていた。

そんな折り、妻は友人の紹介で大阪教育文化センター「親と子の相談室」を訪れていた。「相談室の先生に一度夫婦で来てください、と言われたから仕事の段取りをつけて一緒に行ってほしい」と請われ、あまりしつこく言うので、修を変えることができるのならと、相談室へ出かけた。相談員の先生から、「もう少し家族と向きあう時間を作ったほうがいいですよ。まず、お父さんが価値観を変えないと」と言われ「一般論として正しいかもしれないが、今の立場、今までの生き方から、それはできない。一所懸命仕事をし、家を守っている。私には部下の生活全てがかかっている。今の価値観を放棄することはできない。息子を変えてくれ」と言い返していた。

それから、息子を変えるために修の要求に応じて、テレビゲーム、マンガ雑誌など可能な範囲で買い与え、わがままに任せることにした。自分のしたいように勝手にふるまうことができ、飽きるようになると親の言うことがわかるはずだと思った。こころみのひとつとして、場所、気分を変えればと家族旅行にも出かけた。夫婦で再び新しい関係をつくろうと、月一度、夫婦だけの外出を計画し、わずかな時間を共有するようにしていった。

妻を亡くして

修が中学2年生の7月7日、妻が風呂場で倒れ、2日後の朝、意識が戻らないまま鬼籍の人となった。通夜の席で、母の枕元に90キロに増えた大きな体で正座をして、通夜の客を迎えていた。妻の友人が修を見て「あんたが母さんを殺したんや」と声を震わせた。修はただ黙って下を向いていた。

修が学校に行けなくなっても、白い眼で見ることなく、理解して妻を支えてもらっていた近所の方々から、「奥さん、最近、明るくなっていましたよ」と聞かされ、今までと違った夫婦だけの時間をもつようになった矢先のことでもあり、私は言葉がみつからず、ただ聞こえないふりをしていた。

葬儀が終わり静まり返った家には娘・息子との三人が残されていた。さびしさもあって「一緒に寝るか」と声をかけると「ウン」とうなずいた。妻の位牌の横で、親子三人、肌をふれ合い寄り添うように、川の字になった。娘が「これからは、できる事は自分でしような」と声をかけた。突然のことで、親子三人お互いにできることをやって行くしかなく、決め事を「ノート」に書き込み、日々の記録を取ることにしていった。修は以前と変化なく昼夜逆転の生活であった。

一方、妻が参加していた「登校拒否を克服する会」の交流会に、私が参加するようになっていった。子どもの心が安定するようにと言われ、要求にはできるだけ応え、全ての言動に共感と受容で接し子どもの気持ちを理解するようにと言われ、親として反省させられた。しかし、わが家の現実は、娘が帰宅後夕食を作り、私は私で自分の役割分担をこなさざるをえず、私が仕事と家事の両立をやりとげていくことが、修の支えになるはずであると思った。どちらかでも放棄すれば、全て崩壊するのではないかと考え、何が何でも頑張らなければと気持ちを落ち着ける余裕もなく過ごしていた。時として修に冷たい目を向けていた。ダメだとは意識していても、私自身が、ゆれつ戻りつの状態であった。

そんな時、帰宅が深夜になり、家事をしていると修が難しい顔をして見ていることもあった。ある日、片づけをしていると、修が体で押しのけ無言で手伝い始めた。口には出さないが、自分の決められたことの他にも手を出して動き出していた。のんびりと湯につかっていると、風呂場の戸をあけ血相を変えて修が「心配するやないか」と怒鳴った。小さな光を見た気がした。自分を大切にして生きることが、まわりの人たちも大切にして生きることだと知った気がした。この時、感謝することも謝ることも忘れていたことに気づき、「心配かけた」「ありがとう」「ごめんね」「ご苦労さん」の言葉をかける心くばりに努めた。修の反応は「アー」「ウン」だけであったが、少しずつ変化がみられ、一歩ふみ出したと思った。

出勤途上、車窓からわが家が見えたら修が学校へ行ってくれると念じ、いつもわが家の屋根を探していた。父親としての自信、平穏で温かい家庭、子への期待などの、今までの価値観や物差しが揺さぶられ、自分を見失いそうになっていた。自分が縛られ、子を縛ってきたものに気づきながらも、なかなか、それから解放されなかった。あほらしいと思いながらも「願い」をかけ、いつも車窓の風景を追っていた。

修学旅行の朝

修は3年生になり、1年の時の先生が再び担任となった。土曜日の休みを利用して、毎週土曜日に学校へ行き、連絡ノート・学級通信などの受け取りと、担任への近況報告を始めた。学級通信などは修の部屋に届けていた。そのうち修学旅行のことが書かれてあり、修から「修学旅行に行きたい」と言いだした。やっと動きだしたと思い半信半疑のまま、先生に連絡し、対応をお願いし、親としてできるだけの準備をしてやった。修も自分なりに準備もし「朝起こして」と言ってきた。半信半疑であったものが確信に変わり、肩に「力」も入っていった。当日頼まれた時間キッチリに起こしに部屋に入った。起きかけたものの、どうするか迷っていた。せっかく修も行くと言い、友だちや先生にも迎えを頼んだし、親として待ち望んでいたこともあって強引に起こしにかかった。起こそうとすればするほど、フトンをかぶり、小さな声で「やっぱり行かれへん」と起きようとしなかった。「自分の言ったことに責任を持たんかい」と叱って、生まれて始めて修のほおを張った。

フトンから起き上がり、殴りかかる格好をしたまま、涙をため、こぶしを震わせていた。初めて振り上げたこぶしが震えているのを見て、なぜ学校に行けないのかと自分自身を責め、今まで我慢していたのだなと、修の苦悩の深さをかいま見た気がしたのは、その時だった。心から「悪かったな」というと、頭までフトンをかぶった。「もういい、お前のことはお父さんが一生かけて面倒を見る。心配すんな」と、フトンの上からしっかりと抱きしめていた。

親が子をどれほど愁えているか、子には通じないけれど、親の考える道を子どもが歩かなければならないことはない、人は自分が行きたいように生きればよい、人間のしあわせは生きたいように生きることではないかと思え、私の心身から、よけいな「力み」を取り去ってくれたようだった。その寝顔からはいつもの眉間のシワが見られなかった。

その日から、修もつかえていた物が落ちたようになり、少しずつ自分の部屋の片づけや清掃をやり始めた。修のことは修に任せることにし、私は自分の生活を大切にし、修を信じて、賭けることにした。

ちょうど娘が車の免許をとり、ときどき車で一緒に外出することがあった。その夏、娘の運転で初めてドライブに出かけた。山寺に向かう参道の木々の緑を目にし、開けた窓から入ってくる風を受け「自然はいいなあ」と誰にいうのでもなく、ポツンとつぶやいていた。私も、やっとそんな言葉を素直に受け止めることができるようになっていた。

出発

この頃から、従姉妹や娘の友人などとも少しずつ接点が生まれ、皆の話の環には入ってこないものの、じっと側で話を聞いていたり、恥ずかしそうにそっと笑っている姿が見られた。私のほうは、仕事は仕事として夜遅くなることがあれば修にも伝えておき、休日には親子で外出したり、買い物する機会をつくり、放課後や休日には学校へ、無理のない範囲で外出させるように努めていった。

卒業・進学が問題になる時期になり、少しあせり、気にしている様子が見られた。毎週土曜日ごとに学校へ行って担任の先生とは話しており、それなりの信頼関係もできていた。担任の先生との話で、まず「卒業は認めます」と言われたことを伝えるとほっとした様子を見せた。卒業後の進路については、修の気持ちの整理を待つことにした。娘を通じて「卒業したら働きたい」と言ってきた。娘や従姉妹は、「もう一度、どこでもいいなら勉強してから働いたら」とすすめていた。私も「3年間しんどいめしたから、もう3年間でもゆっくり過ごしたらどう」と本心から言うことができた。以前のように、親が願うコースにのってほしいという気持ちは消えていた。進路については「自分で決めたら」と話した。

しばらくすると「3年間勉強していないけど、行ける学校があったら、学校に行きたい」と言ってきた。修が選んだ学校まで担任の先生が出向いて事情を説明して受験の了解を取りつけていただいた。入学試験があると言われ、「先生も応援するから、放課後でも学校に来い」と声をかけてくださった。ひとりでは登校できず、娘が車で送り、帰りはひとりで下校した。「今まで何も勉強していないから、まっ白いところには何でも書き込める」「試験は中1程度の問題と知らされ、少しは自信が出てきた」と言いだした。受験当日は、緊張しながらも「やるだけやってくる」と言って出かけた。「少しは自信がある」と言いながらも、不安と外出の疲れから帰宅後すぐに寝込んでいた。翌日、先生から内々に「合格」を知らされ、うれしさと自信がないまざった表情を見せた。

学校が始まってからは、毎日が緊張の連続であった。頼まれた時間に朝の声かけだけをし、その他のことは、すべて修の自主性・判断に委ねていくことにした。

修は今26歳。専門学校を卒業して社会人になって丸5年たった。娘は嫁ぎ、修と二人きりの生活となった。就職して初めての年の瀬のこと、テレビを見ていたら1万円札を10枚投げてよこした。「小遣いや」と言った。以来、ボーナスのたびに10万円ずつ渡してくれる。全部、修名義の通帳に入れてしまってある。

「この夏はお盆休みがない」と言っていた修が、前夜になって「あした何時に、お寺に行くんや」と聞いてきた。久しぶりに父子ふたりで、妻の墓参りになった。私のことを一生、面倒を見てくれるつもりかもしれない。

親の会とのつながり

修の成長につきあいながら、私は交流会を通じて、会社では得られない、肩書をはずした、ありのままの自分でつきあえる〝新しい〟人間関係との出会いで、自分自身の全体性を取り戻すことができ、自分自身のことを考える時間を与えられていた。今まで、私たち親子が多くの人に支えられ、励まされていたことへの感謝の念もあって、交流会のつながりを引きずり続けている。

いろんな居場所、いろんな道があっていいのではないだろうか。親と子、歩む道はそれぞれ。峠への道が遠くはるかであっても。

◆親と子の葛藤◆

しんどい山をいくつも越えて——不登校のわが子は発達障害だった

メイ（北海道）

突然の電話から

長女は25歳のときに「発達障害」と診断されましたが、それがわかって納得したことがたくさんありました。もっと早い段階でわかっていれば対応も違ったのではないか、とも思いますが、医学的にはまだわからない時期でもありました。

長女の不登校がはじまったのは、小学6年の5月でした。私は、その年の4月から新しいセクションで張り切って仕事をしていた時で、突然、担任の先生から電話があり「学校に来ていない」ことを告げられるまで、まったく予想もしていない出来事でした。その時から長い、苦しい旅が始まったように思います。その後、妹を「さぼり」と話していた2歳年上の長男も学校に行けなくなり、毎日が地獄のようでした。

私は子どもが不登校になるまで、子育てにまともに向き合うこともなく、「いい子」に育っていると思っていました。子どもたちは必死でいろいろなサイン（SOS）を出していたことに気づくことなく、長女にはいつも「早くして」と言ってました。「お母さんは私の3倍のスピードで動いているね」と言われたこともありました。

夫は「学校に行けないときは仕方がない」と休むことは認めましたが、私は「どうして他の子が行ける学校に行けないのか」と子どもを責め、自分の「子育てを失敗した」として自分を責めていました。それまで合わせていたジグソーパズルのピースがバラバラになる感じで、私がもがけばもがくほどまるで泥船に乗っていて沈んでいくようでした。そのような状況で私も「うつ状態」になり、休職しました。

この時期に愛知の大河内清輝君が、学校でいじめによって自殺するという事件が起こりました。大河内君は長男と同学年でした。テレビで大河内君のお母さんが「こんなことになるくらいなら、いっそ登校拒否をして自宅にいてほしかった」というのを聞いて「えっ、今は学校に行っていて死ぬの？」という思いと、「今の学校はどうなっているのだろう」という疑問がわきました。まだ「親の会」ができていない時でした。

ボタンの掛け違い

子どもの不登校をきっかけに夫との関係も見直すことになりました。夫は私が年上ということもあり、何事も私に合わせていたように思います。長女から「お父さんとお母さんは、いつ離婚するの？」と言われたこともありました。私は離婚など考えたこともなかったのですが、長女の目には噛み合わない夫婦に見えたのではないかと思います。

わが家は夫婦と長男、長女の四人家族。共働きでした。職場は女性も働き続けることができる、男女の賃金差がないところで、私の意志を理解してくれた人と職場結婚しました。子育ては保育園や学校にまかせれば何とかなると思っていて仕事優先の生活でした。当時の女性がフルタイムで働くことは、「男性なみ」に働くことと思われていた時代でした。

私は神経科の受診を続けていて医師から「ボタンの掛け違いでは」と指摘されても、どうしていいかわからない状況でした。会話もなくなりました。お互いに何を考えているかわからない時に夫に手紙を書き、私の子育ての悩みを伝えました。夫からの返事は「おれもどうしていいかわからない」ということでした。その頃の私の不登校のとらえ方は学校復帰すれば「解決」したと思っていましたから、長女が小学校に戻ってホッとしたのも束の間、中学校は3年間、ほとんど行かない状態でした。そのような状況から夫も私と同じで「どうしていいかわからないのだ」ということがわかり、そこで初めて気持ちが「一致」し、これは「二人で子どもに向き合うしかない」ことだと気づきました。

子どもたちへの解放宣言

私たち夫婦は長男が中学3年、長女が中学1年の夏休み明けに、子どもたちに「解放宣言」を発しました。「これからは自由にしていいよ。もし手がなくなっても、足がなくなっても自分の命も他人の命もなくさないでほしい。命は戻らないから大切にしてほしい」ということを告げました。

この年の夏休みは大変でした。長女が自分の部屋の前で「この家には私の居場所がない」と叫び、感情をあらわにしたことが2回ありました。長男と私は階下にいてその光景を見ていましたが、2回目の時に長男が叫びました。「おまえ、いい子やめろ。おれはいい子やめたんだ」

ショックでした。それまで長男は、親の言うことをよく聞く「いい子」でした。不登校になってからはカウンセリングにも通院していました。その長男は秋になって進路の話をしたときに、「中学校には行かない。でも高校には行きたい」と意思表示をし、定時制高校を選んで進学しました。入学式の日、駅からの道のりをスキップしていく長男の後ろ姿を見ながら、「この子はどんなに学校に行きたかったんだろう」と思うと、涙がこぼれて仕方ありませんでした。

しかし、長女にとっては「自由にしていい」は「どうしていいかわからない」、放置されたということだったのではないか、と今は思います。

三者三様でも目的地には行くことができる

長女は一人でカウンセリングに通院することは拒否しました。最初は親も一緒に行って通院の仕方も教えました。初めて一人で行った時のことですが、バスと地下鉄を乗り継いで帰る途中、お金が不足していることに気づき、地下鉄の乗り換えホームの椅子に腰かけて何本も電車に乗らずにいたら、知らない女性が「どうしたの。何か困っているの?」と声をかけてくださり、事情を話すとお金をカンパしてくれたそうです。職場で待っていた私のところに、嬉しそうに帰ってきて話してくれました。その時、私は「そういう時は、降りる駅まできて駅員さんに事情を話し、お母さんが後で払いに来ます」と言うようにと話しました。帰宅後、長男にその話をして「あなたならそういう時、どうするの？」と尋ねると長男は、妹が雑誌や飲み物などでお金を使いすぎていることを指摘し、「ぼくならお金が足りるところまで乗って、そのあとは歩く」と答えました。私は三者三様でも「目的地には行くことができる」ことに気づきました。

長女は算数が苦手で、お金の使い方もわからないまま通院させることは、今考えるとハードルの高いことだったのではないか、と思います。赤ちゃん返りが続きました。私は「いつまでこんな生活が続くのだろうか」と不安でした。それでも北海道にある私立高校に進学しました。テレビ番組を見て、自分から「行きたい」といいましたが、進学はしたものの慣れない下宿生活でもあり、2年から休学しました。結局8年がかりで4つの高校を経験して卒業しました。

明日は今日と違う日

長女が高校1年の時、夫は職場検診で「白血病」が見つかり、入院、治療することになりました。夫44歳の10月です。長男は定時制高校3年でした。私は仕事をしながら、夫の看病をしました。時々長女から電話がはいりますが、ゆっくり聞いてあげる余裕はなかったと思います。幸い、夫は職場復帰することができました。私は改めて夫の存在の意味と、命に限りがあることを知りました。

長女は休学中の17歳の秋にリストカットをしました。当時、私は小児科の事務をしていましたので、医師からすぐ専門病院を紹介してもらいました。通院初期のころ、主治医に「いつ治るのか」と尋ねると、「17年かかったものは治るのも17年かかると思ってください」と言われたのはショックでした。自宅で一人にするのは心配でしたから家政婦を雇いました。私の前で突然、豹変することもありました。鬼のような形相になり、叫びだします。しばらくすると疲れて寝てしまいます。本人が一番苦しんでいるとは思うのですが、どのように対応していいかわかりませんでした。私は仏前で「明日は今日と違う日」と心の中でとなえながら、精神的には「その日暮らし」をしていました。

私の退職

翌年になると家政婦さんにも断られました。職場でも「このままでは親子が共倒れになるのではないか」と心配され、上司から退職を勧められました。職場には看護休職制度がありましたが、1年間という期間限定です。小さい頃から親の状況に合わせてきた長女は、親が「職場復帰」することになれば、そこに自分をシフトして我慢するのではないか、ということも話されました。子どものこの先が、どうなるか見えない状況でしたから、やむをえないと思いつつも、1週間、悩みました。揺れました。49歳でした。実母を50歳で亡くしているので、50代以降の自分自身の姿が想像できず、職場も無くなると自分の「存在価値」が無くなってしまう気がして不安でした。でも子どもがもがき苦しんでいる様子をみていて、このまま放っておくわけにはいきません。退職することにしました。

母親が退職して家にいるから解決するか、というとそうではありません。長女は少しずつ落ち着いていきましたが、まだ荒れる日もありました。いちにち一緒にいると親子の距離の取り方がわからなくなります。動くスピードが仕事をしていたときと同じだったようで、長女に「お母さん、どうして仕事を辞めたのにそんなに早く動いているの？」といわれるまで気がつきませんでした。ある時、夕食のごはんのスイッチを入れ忘れたことがあり「お母さんでも失敗することがあるの？」と驚かれました。長女の目には母親の姿が、どのように写っていたのだろうか、と思います。二人でいると煮詰まる日もありましたので、外で使っていた私のエネルギーはたまりますので、よくドライブにいきました。同じ道でも季節によって、目に映る色合いが違うこともわかりました。忙しいと目的地に着くことが先で、途中の景色を楽しむことなどありませんでした。私の仕事の仕方は、マラソンコースを短距離走のスタイルで走るようなもので、あのまま仕事を続けていたら倒れていたと思います。

疲れ果ててしまった

ある時、長女が荒れて暴れだし、私も疲れ果てて「このままのあなたでいいから」と娘を抱きしめ、二人で泣きました。娘は「お母さんのその一言が聞きたかった」といい、そのまま眠ってしまいました。目をさますと「お母さん、涙って不思議だね。気持ちが以前と違うよ」と言い、それ以降、暴れることは無くなりました。

それから少しずつエネルギーをためて何回か転校をするのですが、秋ごろになると気分が落ち込み、冬は「冬眠する」と言って、布団から出られなくなりました。春になると元気になるのですが、秋には動けなくなる、ということを繰り返していました。二〇〇五年秋、さすがに心配になり、「心療内科」を受診しました。親の会で名前の出ていた医療機関でした。そこで処方された薬は、長女の中枢神経に悪い作用を起こしてしまい、大変なことになりました。薬の副作用の怖さも経験しました。長女の様子は以前と違う変化を起して、明らかに「何か変」でした。本人もいつもと違うと感じていたようで「私は何をするかわからないので、このナイフはお母さんに預けます」と言って私に預けたことがありました。長女の部屋にナイフがあるのは数年前から知っていましたが、そのまま様子をみていました。この時のことを長女は「自分以外の何かが身体の中にいたようだ」と後に話していますが、司法にかかわることになるとは、まったく想像しませんでした。

発達障害と診断されて

結果的に長女は「医療観察法」により入院し、薬の影響を受けやすいことや「発達障害」があることがわかり、「気分障害」という病気もあり、今まで見えなかったものがやっと見えてきた感じでした。専門の医療機関での再教育や「働くこと」は、本人のみならず親も認識を改めることにつながりました。長女の特徴がわかると親も安心し、それに合わせた対応を考えることができるようになりました。

障害者手帳をもらい、障害年金も受給できるようになり、年金の管理を毎月、一緒に家計簿につけ、一か月を「振り返り」、翌月分を袋わけする作業を5年ほど続けました。長女は千円と漢字で書くとわかりますが、数字で1000円と書くとわからないので、本人にわかる方法や日常生活をすることで困った時にどのように対応するかを話し合っていたように思います。記憶は忘れるけれど、記録は残りますので記録しておくことも話しました。

やっと自分の人生を歩いていると思えるように

そのようにして本人の成長がみられましたが、社会とどのようにしてつながるかは見えませんでした。就労支援の作業所にも行きましたが、うまくいきませんでした。自分で探してきた仕事は、夜の仕事でした。危うさはありましたが自分で選んで、いろいろ経験していきました。その時、親は何も言わず本人の決めたことを尊重しました。そして「好きな人ができたので一緒に暮らしたい」と言って、親元を離れ、今は結婚して他県で暮らしています。長女は「30代になって、やっと自分の人生を歩いていると思えるようになった」と話しています。困った時にSOSを発信できるようになり、一人ではできない事も他人の手を借りてできるようになったのも成長を感じます。

私は不思議な出来事も経験しました。長女が入院中に一人でいつものドライブコースを走っていると、道路に大きな虹がかかっていました。そこをくぐりながら「ああ、これで落ち着くのかなあ」と感じ、気分が明るくなったのを覚えています。

振り返ってみると我が家の歴史は、いろいろな人に助けられてきたと思います。長女が不登校になった時の小学校の担任の先生は、娘と交換日記をして文章を書くことを好きにしてくれました。親も一九九六年一月に北海道で開かれた教育研究集会で全国連絡会の人たちに出会ったことで背中をおされ「親の会」を作り、「全国のつどい」に参加し多くの人とつながることができました。嵐のような日々を過ごしてきましたが、一人ぼっちとは思いませんでした。「諦めなければ何とかなる」というのが今の心境です。我が家の一番大変な時を一緒に過ごした二匹の犬たちを半年介護して見送り、今は代替わりした二匹の犬たちと落ち着いて暮らせることは幸せなことです。

私を変えてくれた息子の登校拒否——人生の広がりにめぐりあって

秋　真子（大阪）

旧家に嫁いで

息子が小学校5年の2学期「登校拒否」の状態にあるとわかったころは、家の中は義父が全てを取り仕切り夫はそれを越えることが出来ず、いつも不満をためている状態でした。私はといえば波風が立たぬようにと義父・義母に気を使い、息子のことは後回しにするという嫁の立場をとっていました。

嫁いだ当時は炊飯器や湯沸し器のない台所でしたし、水道も、双子の弟妹が生まれ、洗濯の回数が増え井戸水が上がってしまったため、引き入れたものでした。

夫は「あんたのご主人は田舎のぼんぼんやな」と言われるような人で、人付き合いがうまくやっていけず不安定な生活が続いていました。仕事上の失敗から9か月も音信のないまま、所在のわからなかった時がありました。そんな家庭環境の中で、息子にはしっかりして欲しいと思う気持ちが強く、息子を私の期待や、不安や苛立ちの受け皿にしてしまっていたのです。

息子の甘え、要求を受け入れながら

「今日はしんどいわ」と言って休み始めて1週間目頃に、貸していただいた講演テープを聞いて、息子が登校拒否の状態にあるとはっきり認識したのですが、軽く考えていました。

担任に請われるまま息子の寝室に担任を案内し登校を促してしまいました。息子は布団を頭までかぶり、聞く耳をもちませんでしたし、担任が帰られた後、部屋から出てくると、茶の間で祖父が見ていたテレビをひっくり返して、また部屋に戻って行きました。大変な失敗をしてしまったのです。

ぽつりぽつりと登校する日はありましたが、そのまま5年生は終わりました。

6年生になっても同じような登校状態でしたが甘えが強くなり「一緒に寝て」「一緒にお風呂に入って」と言ってきました。ファミコンを買え、ラジカセを買えと要求はどんどん増え続けます。要求を受け入れ、子育てのやり直しなんだと理解しながらも、腹立つ日もあり、息子の頬を打とうとして反対に私の顔面にパンチを入れられ、青あざが出来たこともありました。

私の対応や、言動に敏感に反応する息子の様子をみながら、どんな時穏かに過ごせるのか、どんな対応が苛立たせてしまうのかなど、失敗をくり返しながら感じとれるようになっていきました。

本当に欲しいもの

中学生になれば「行こう」と決心していたのか、入学式からきっちり登校しはじめました。クラス編成も考慮されていましたし、担任も理解のある人でした。でも10月になり校内で友だちと遊んでいて転倒し、そのまま病院へ行くという出来事がきっかけになり、はりつめて登校していたのが切れたのか、翌日からぴたりと行かなくなりました。制服を着て玄関まで出てくる日もありましたが「行けない」と坐りこんだり、カバンをほうりなげたりしていました。

2年生が終わるまで1年半、1日も登校することなく、長くつらい日を送ることになりました。小学生の時と違って、この頃の苛立ちは自分自身への苛立ちのようでした。「なんでもいいから買ってきて、食べ物、おもちゃ、服以外」と時々言います。とても困りました。

思い浮かばず、思案ばかりの時を過ごし、石製の腕時計を買って帰りましたが、息子は「むりに買わんでよかったのに、本当にほしいものがあるんやけど何かわかれへん」と言ったのです。それは手ごたえのある親の愛情だったのか、確信のもてる自分自身だったのか……。この一年半という期間が息子を育て、私を変えてくれた期間だったのです。

私の自己解放

中学2年を迎える少し前、炊事をしている私の背中越しに義父と息子の話し声がしたかと思うと「この、くそじじい！」と息子の大声、「なに、学校へも行きやがらんと」の祖父の言葉に息子はワァーと泣き出し、犬をつないである所へ飛び出して行きました。泣き声が悲鳴に変わったので、私も裸足でとんで出ました。

息子は犬に腕を噛みつかれて血まみれでした。17針も縫うことになり、腕を一本失うかも知れないと案じ、心底義父を恨みました。でも、治療に通いながら次第に治ってくるキズをみて、息子の心も同じように癒えてくる日があるのだと思ったのです。

こんなことがあって新学期になり、担任からはクラスメートの名前と写真が届けられ、一緒にしてほしい友だちも配慮されていましたし、担任も息子の好きな先生でした。全く登校しませんでしたが、数人の友だちが遊びに来てくれていました。担任は時おり訪ねて下さり、さっと姿を隠す息子に「元気か」とだけ言って帰っていかれました。

学校に全く行けなかったこの期間、小児心療内科へ週3日は通えていました。私も3か月に1度、息子の様子を聞きに出かけていたのですが、ある日バタバタと身支度をして茶の間で待っている息子に「行こうか」と声をかけた時、「また出ていくのか！」と義父の大声がかぶさってきました。私は「あっやっぱり言われた。」と思ったのですが、息子はその言葉が終わると同時に手元にあったガラスのコップを投げつけました。義父の足元でコップは砕け散りました。その瞬間、私の心の中に大きな変化が起こるのを感じました。今までの私がその砕けていくコップそのままに崩れていくのがわかり、何か違った自分が生まれてくるのを自覚していました。

もう一度息子に「行こうか」と促すと「ほんまにええんか？」と心配そうについてきました。この子は何もかも肌で感じていたのだ、彼のとった態度は私の代弁だったのだ、私の辛抱の折れた部分は息子が引き受けてくれていたのだと申し訳なく思いました。

新しく自覚した自分をどう表していこうかと考え出した時に、大阪の登校拒否を克服する会のニュースに「読書会」の案内をみつけました。「これだ」と思いました。私をまずこの家から出してみること、義父に対して勉強に行くという大義名分が立つという条件にぴったりでした。自分の意思で自分の目的のために電車に乗りました。とてもうれしかったです。自己解放でした。

あたたかい先生方のおかげで学校へもどれた

母親の心の動きを追うように息子にも変化がでてきました。「僕、高校生になりたい」と教科書を出して読みだすようになりました。とても良い家庭教師との出会いもあり、次第に息子の心も安定していったようです。

中3を迎える春休みの前、「担任の先生に会う」と言い出しました。その時を先生は待っておられたのでしょう。息子の部屋で会ってくださった後の対応は素晴らしいものでした。息子たちがゲームをしている所へ知らぬ間に上がっていって、後で寝転がって見ておられたり、「私服のままでええから学校へ行ってみるか」と、友達ともども自分の車に乗せて放課後の学校へ連れて行って下さいました。春休みに入って中3からは学校へ行くことをしっかり決心しているのを感じることが出来ました。

始業式の当日、「こちらのほうが緊張しましてね」と、後で私が職員室を訪ねた時、主任の先生が話して下さいました。

「彼が校門を入ってからはずっと動きを追っていたのですが、見失った時は慌てました。トイレまで捜しました。式が始まってきちんと整列しているのをみて安心しましたね」

あたたかい対応で迎えてもらって息子は順調に再登校、そして高校へと進んで行けました。

お互い学んだなぁ

最近、息子が私に「登校拒否になってお互いいろんな事を学んだなあ」と言いました。その「お互い」という言葉を聞いて嬉しいとも思い、まだまだ短気な所もある息子に先を越されたかとも思いました。

息子より少しは先を歩いていると思っていたけれど、そう言われてみて息子は私の何倍も苦しんだということなんだと、もう一度私の胸にたたき込んだのです。

二人の息子とともに――家にいる日々の中で

小三嶋やよい（兵庫）

次男の「学校がきらい」

私の二人の息子は今、二人とも家に居ます。

先に登校拒否になったのは小5の次男でした。3年前の5月「学校嫌いや」と言い出して、数日後のある夜のことです。

「明日から学校行かない！　将来の夢も目標も無いのに、学校の勉強を頑張る意味がわからない！」

「ぼく、このままやったら体だけ大きくなって、中身のない大人になっちゃう！」

「お母さんのお腹に戻ってもう一度やり直したい！」

そう言って泣き崩れました。「心って何処にあるの？」「魂って何？」次から次へと出てくる心の叫び、嘆きに、これはただごとではない！　何か大変なことがこれから我が家に起こるんだ、と思いました。それでもそこは冷静に、そういうことがわかるために、いろんな人と出会って、いろんな経験をして大人になるのだから、学校に行くことは必要なんだよ」と、次男が求めていることとは違うのに必死に説得して、どうにかして学校に行かせようと焦りました。

次男にとっても、朝は恐怖でした。抵抗するのを無理に玄関に引きずって行き、汗だくで格闘したこともあります。一通りしてはならないことをして、ただでさえ行けなくて苦しい思いをしている次男を余計に傷つけました。

行けなくなって1年半、宝塚の親の会に出会うことができ、そこで話を聞くうちに浅はかで愚かな自分に気づきました。「家に居たらいいよ」と言いながら、心の中では、そのうち退屈に飽きて「行くわ」と次男が言うのではないか、と思っていたのです。そんな親の元で心と体が休めるはずもなく、ずっと家族や先生に気を使い続け、孤独だったと思います。勘が良くて、空気が読めすぎるほど読めてしまい、自分のことよりお友だちを優先するような子でした。「優しい」と言われて好かれ、いつもたくさんの友だちに囲まれていました。思えば、「学校行かない」が初めての自己主張です。親が喜ぶからいい子をして、自分の心を犠牲にし続けてくたびれたのに、家が安らげなかったらいるところがありません。

長男の「学校がしんどい」

次男が少しずつ元気になってきた頃、まじめに中学生を頑張っていた長男が次第に疲れを見せ始めます。学校の価値観とは真逆の弟が家に居て、長男から見たら、家にいて、好きなことだけをしてのんびり過ごしているのを、なぜか許して受け入れている親。その上「勉強会にいく」と言って、弟のために両親そろって親の会に出かける後ろ姿をどんな思いで見ていたでしょう。しんどい思いをして部活、勉強と頑張っているのは俺なのに、「俺より弟のほうが優先されている！」と怒りと不満が爆発しました。まっすぐな性格で、真正面で物事を受け取る長男は、家庭と学校で起こる矛盾と理不尽に耐えられなくなったのです。

「俺は今まで散々いろんなものと戦ってきたのに、何も報われなかった」と言うので、「何と戦っていたの？」と聞くと、「世間と学校と親」とこたえました。そして、「俺は学校にいる時いつも言い訳を考えている」と言ったのです。長男の気持ちに寄り添っていたつもりでしたが、全然追いつけていませんでした。苦しみ抜いた末に、中3の3月で「高校に行きたくない、行かない！」と決め、家に居るようになりました。長男もまた孤独だったのです。

そして私は

二人にこんな思いをさせなければ、私は息子たちのしんどさをわかれなかったのか、と悔やみ、自分を責めることをなかなかやめられないですが、先を行く次男が、うれしい変化をみせてくれていて励まされています。

「ぼくって、○○は好きじゃないねん」「ぼくは、○○がいいと思う」「ぼくってな〜」とあれこれ自分のことをよく話してくれます。自分の中に、大切な「ぼく」が芽生えています。「ライトノベルを書いてみたい。応募して、賞獲って賞金もらったら、何に使う？」「でも書き方わからないし、ぼくには無理かな」「書きたいなー、自分の書いたことが映像化されるところが見てみたい」と、夢がふくらんでいます。

学校に行かなくなって、自分の人生に絶望していた子が、こんなふうに自分の中から元気になってくれるとは3年前には考えられませんでした。

「中身の無い大人」にならないために、今その中身を自分で育てているのです。親として嬉しく、誇らしく思うと同時にその姿をうらやましく見ている私がいます。子を見守るとか、子に寄り添うのはとても難しく、何より私自身、自分と向き合うのが一番苦しいです。私はただ、親にとって先生にとって都合のいい子をして、人の価値観を鵜呑みに生きて、大人になってしまいました。とりあえず、とりあえずの形だけ整えて。

こうあらねばならない、こうあるべき、狭い世界に住んでいた私、一石を投じられたことで、こんな冒険の旅に出ることになるなんて思いもしませんでした。困難な道ではありますが、息子たちには、これから自分の歩きたい道を選び、飛びたい空を飛んでほしいです。応援します。

そして私も、私を生きたいです。

◆親と子の葛藤◆

揺れながら迷いながら――わが子の登校拒否につきあってきた日々

青山 知冬（東京）

競争社会で、いじめはなくならないよ

我が家の長男は、小5の時に突然学校に行けなくなり、4年半登校拒否をしました。「いじめがきっかけ」と本人が考えているせいか、今も彼はいじめ問題に敏感です。先日、テレビのニュースで、「いじめ撲滅のために」という言葉を聞き、ボソッと「いじめはなくならないよ。競争社会で」とつぶやいていました。「いじめ防止のための条例」をつくることを検討しているという話を聞けば、「そういうのでいじめがなくなるとは思えない。かえって陰湿になっていくんじゃないの。もっと開いていく方向にしないと」と。体験者の話は、なかなか考えさせられます。

8年前、辛さを親にも言い出せず（親だから話せないそうですが）、毎日おなかが痛いと言って学校を休んでいた息子。「このまま行かなくなったらどうしよう。何とかして学校に行かせたい」と必死で追い立てる私に背を向けたまま、やっと絞り出すように「小2の頃からデブデブ臭いと言われてきた。あんなところに行くのはもう嫌だ」と言って涙をぽろぽろこぼした、あの日のことを

思い起こすと、今でも涙が出ます。

現在、定時制高校の4年生になり、二度目の登校拒否をしています。「進路希望調査の紙を書くことができない」と言って休んだ始業式の日から、「眠れない」「死にたい」「自分が嫌いでしかたない」と苦しみ続けています。「将来を見据えて何かしたら」と言う夫には、「将来は、できれば生きていたくないわけで……」と答え、「高校も、親が行ってほしいと思っているから行った気がする……」と悩んでいる彼を見ていると、このまま誰かが敷いたレールに乗せられてしまうのは困る、と立ち止まったようにも思えます。納得しなければ動くことができない、本人も言っているように「面倒なやつ」なのです。息子が苦しむ姿を見るのは辛いけれど、悩みながら生きていることこそがすばらしいし、うれしい。ずーっと家の中にいて、家族の予定を誰よりも把握していて、少しうっとうしいけれど、我が家で安心して生きていてほしいと思います。実は私は密かに、彼がこの先何を見つけるのか、楽しみなような気がするのです。

子どもに拒否権はないの?

二番目の長女は、兄の高校進学の後、入れ替わるように登校拒否を始めました。

彼女は、小学校に入学した日から「明日も行かなくちゃ行けないの?」と言って泣いた子でした。聞けば、学童で忘れ物をしたら、黒板に名前を書かれるから嫌だとのこと。自分が忘れ物をしたわけでもないのに、そういう「罰」があることが嫌いなのです。学校は四角いのがよくない。丸い形をしてればいいと思う。校長先生が見回りに来るのが嫌……、などと、今思えば、管理や強制に敏感だったのかなと思います。

中学に入って、毎朝なかなか動かない娘にイライラし、バトルを繰り返していましたが、彼女が日に日に具合が悪くなり、一時期は何種類もの薬を飲ませ、私もほとほと疲れ果ててきた頃のことでした。「でも、（学校に行くのは）義務なんでしょ？」という彼女に、「子どもには学校に行って学ぶ権利があるんだよ。義務ではないよ」と話すと「拒否権はないの？」と聞かれました。ドキッとしながら、「あると思うよ」と答えると、やっと笑顔を見せて、「中学は無理なの」とつぶやきました。そして、中学には「遊び」がなくて、大人から下りてくる活動ばかりなこと、「自由に決めていいよ」と言いながら、実は大人の決めた枠があること、子どもの意見はなかなか聞き入れてもらえないこと、一からみんなで決める企画がないから楽しくないこと、なにより制服が嫌だということ等、一気に話してくれました。当時、中学校の中でもこんなことを感じる子は珍しかったようですが、私は彼女の気持ちがよくわかり、よくぞ見抜いたと思ってしまいました。

中3の時、「高校に行きたい」と、都内をあちこち見学し、説明会で話を聞くうちに「制服があるのはいいけど、頭髪検査は嫌」と言い、「心配なことは、高校に通い続けられるかっていうことなんだよな。通い続けるためには、『無理をしない』ことが必要だと思う。やっぱり、家の近くの定時制高校に行く」と決めました。今年入学した定時制高校で、軽音楽部に入り、今はクリスマスライブに向けて練習に励んでいます。

親の会での学びを得て

息子が登校拒否を始めた頃、末の次女は2歳でした。保育園児を抱え、仕事や保育園の役員をしながら、子どもの登校拒否以外にも、夫のパニック障害発症とアルコール依存、娘の病気発覚、母の入院と介護……。とにかく次々と難題が押し寄せてきて、私があと何人か欲しいと思った時期がありました。ただただ、その場しのぎで毎日をこなしていく日々で、本当に辛かったです。だけど、その日々につきあううちに、だんだんと私自身が変わってきたように思います。

親の会との出会いがあって、これまで支えられてきました。辛いことも嬉しいことも、安心して話せる仲間ができ、共に学び合うことが楽しくて仕方なかった。そして、どの子も持っている「成長したい」という願いや、自分で道を切りひらいていく力を信じられるようになったし、大人の都合で先回りして心配する必要はないとわかって、ずいぶん待てるようになった気がします。以前は、「できる人」と思われたかったし、まわりの人がどう思っているかが、すごく気になりました。今でもそういう部分はあるけれど、人生は思い通りにならないものだと、諦めたり許したりもできるようになり、自分の人生を十分に楽しみたいものだと思えます。いろいろあったけれど、そんなふうな私になって、楽になったなあと感じる今日このごろです。

生きていれば、きっと——親として　教師として

藤井あかり（愛知）

不登校のはじまり

「もう僕には家にも学校にも居場所がない。僕はどうすればいい」

そう言って息子が泣きくずれた。中学1年生の秋、これが息子の不登校の始まりだった。

「まさか、うちの子が。でも、やっぱり……」そんな思いが頭の中を駆け巡った。小さい頃から手のかからない、聞き分けのいい子だった。今思えば長男ゆえに、いろいろ期待してしまったことも多かった。また、教員の子だからしっかりして当たり前。そんな世間の目も、彼には重荷だったろうと思う。

赤ん坊のように泣いている息子を前にして、「今この子に登校を促すことはできない」そう思うのが精一杯だった。しかし、その反面これからどうなっていくのだろう。学校は行かなくて大丈夫だろうか。この子はどうなってしまうのだろう。そんな不安が押し寄せてきた。

教師としては、不登校の子どもを担任することはあったが、わが子がいざ不登校になってしまう

と、本当にどうしていいかわからなかった。

親が落ち着いてこそ

息子の通っていた中学校の保健室の先生が「お母さんがまず落ち着くことだよ」と言って、カウンセリングを勧めてくれた。藁をもすがる思いでカウンセリングを受けたことで、多少落ち着くことができた。「お母さん、本当につらいね。でも一生懸命に、子育てがんばってきたんだよね」そんなカウンセラーの言葉に涙がこぼれた。

「教師なのに。働いていたから子育てに手抜きがあったんじゃないか。愛情が不足していたのでは。働いていなければ」いろいろ自分を責めていた。しかし、カウンセリングに通ううちに、「私は私なりに精一杯がんばって育ててきたんだ」と、自分を少し認めることができるようになってきた。

親が落ち着くと、子どもも落ち着いてきた。中学3年になった時には、高校進学を考えるようになり、全寮制の不登校の子どもを受け入れてくれる高校に進学した。高校生活を送る中で友人もでき、初めて信頼できる先生ともめぐり合うことができた。

高校生になってから初めて、「なぜ登校できなくて一番不安なときに助けてくれなかったのか。どうして学校へ無理やりつれていった。一番頼りにしたいときに見捨てられたように感じた。もうあんたたちは信じられない」と、自分の気持ちをぶつけてくるようになった。帰省日のたびに何度でも。そのつど彼の話に耳を傾けて気持ちを受け止めるように心がけた。しかし、事実とはいえ彼の話を聞き続けることはあまりにも辛かった。そのため、息子を中学校へ引きずるように連れて行った父親は、いたたまれず最後まで息子の話を聞くことができなかった。息子はそんな父親に対して不信感をぬぐえず、いくつも壁に穴をあけて帰っていった。

卒業後の進路についても、親子で十分な話し合いができぬまま終わり、息子は大阪へ行った。予備校にも通わず大学進学を目指して浪人生活をした。そして東京で浪人生活2年目を送り、やっと大学生になった。不登校のことも話せる友人や彼女もできた。しかし、どうしても学歴にこだわる息子は、休学して再び有名大学を目指して受験勉強をした。

不登校の時父親に言われた「人生の落伍者」という言葉に傷つき、生きる意欲をなくしてしまったと言う息子。父親を見返すため、どうしても学歴にこだわらざるをえなかった。そんな彼も、家族カウンセリングを受けたり全国のつどいに参加したりするなかで、少しずつ変わっていった。学校に行かないことを肯定的に受け止めてくれる人たちと出会い、苦しみや悩みを黙って聞いてくれる場に身を置き、話を聞いたり語ったりすることによって、学校に行けない自分を受け入れられるようになっていった。

息子の不登校で気づいたこと

わが子が不登校になって、親として教師としていろいろ学ぶことは多かった。子どもたちは学校に行けない自分を責めながら、私たちに訴えているのだと思う。その声に真剣に耳を傾けていきたい。

息子の苦しんでいた姿を思うと手放しで、「不登校をして良かった」とは、まだ思えない。しかし、家族について考える機会を与えてくれたこと、息子を通してさまざまな人と出会えたこと、親や子どもの生き方についていろいろな道があることに、息子が不登校をしたおかげで気がつくことができた。

これからもいろいろなことがあるかと思うが、生きているだけでいい。生きてさえいれば、きっと乗り越えられると思う。

育て方を間違ったなんて言わんとって！

エ　リ

はじめまして、ワタクシ17歳の通信制高校に通う高三生です。

まぁ、とりあえずガキの言い分みたいなもの聞いて（いや、読んで）くだされ。


子どもが学校に行かない、行けない、そんな時「育て方を間違えた！」と考えてしまう母ちゃん、父ちゃんて、結構いるんですよね。表現を変えて「甘やかしすぎた！」とか。

私もそう言われた人間でしてねぇ〜。まいった、まいった。

そんな時、子どもとしては「オイオイ、それって何か？　オイラの人生間違いなのかい？」と考え込んでしまう。

さしずめ、頭の上にでっかい岩が直撃したようなショックなのだ。


母ちゃん、父ちゃんたちにとっては、たかが（か、どーかは知らん）10年ほどの人生を否定して認めたくないんだろうが、子どもとしちゃ今までの人生を否定されるんだからたまらんわい！

ということで、（どーいうことなんだろう？（笑））あんまり育て方間違ったなんて思わんように。言っちゃうなんてサイテー（コギャル口調）

母ちゃんも父ちゃんもここまで頑張って育てたんだからもっと自信持たなくっちゃ。

あとは、本人に任せてＯＫです。大丈夫だってば。

この過程を邪魔するのは禁物ちゃいます？


最後に、母ちゃんも父ちゃんも自分のための人生を幸せに生きてってください。

◆親の会に出会って◆

出会いの中で、息子も私も——揺れながら支えあう

小八重さくら（宮崎）

息子の登校拒否

息子は小学校4年生のときの12月、「学校に行きたくない」「理由ははっきりしているけれど、それは絶対に言いたくない」と言い出し、登校拒否が始まりました。まだ、登校拒否・不登校ということが今ほどマスコミで取り上げられることも少なかった時期です。びっくり仰天でした。

そのときは息子を引っ張って学校に連れて行こうとし、噛みつかれました。家から私が閉めだされて中から鍵をかけられ、寒い中、家の周りをうろうろしたこともあります。いろいろな戦い、ずいぶん彼を追いつめていくようなことをしました。

その後、行ったり行かなかったりを繰り返しながら、息子は小学校5年生になっても行けない日々が続いていました。友だちが迎えに来て、登校することがたまにあり、子どもが行った、行かなかったと、一喜一憂する自分、玄関から送り出して後、ほっとして嬉しくなる自分を疑問に感じていました。誰がホッとしているのだろう、自分がホッとするために学校に行ってもらっているの

かなという思いがどこかにありました。

やがて、テレビの音をやっと聞こえるくらいに小さくし、「学校で誰か自分の悪口を言っている」と言い出し、階段を下りるのにもガタガタ足が震えたり、と、だんだん身体の変調が激しくなりました。とうとう5年生の2月、炬燵で「もう疲れた」とつぶやく姿に、そこまで息子を追い詰めていた自分は何という酷いことをしてきたのだろうと、「行きなさい」とは言えなくなってしまいました。

その日を境に息子は1日も登校しなくなりました。小学校6年生の卒業式は行けず、中学1年は、制服は着たものの入学式にも行けず、庭で写真を撮っただけでした。まるまる2年間全く行かない日々を過ごしました。制服は作っているけれど一切着ない、教科書も押し入れの中に仕舞っているという状態でした。

その頃、友だちの何人かとの交流は続いていて家にやってきていました。適応指導教室の先生の訪問もあり、「休んでいるからこそ学校に行っていたらできないことをたくさんさせてください」ということで、テレビを観たりゲームをしたり、いろんなことがゆっくり出来て、大好きな新聞を毎日読むこともできました。

中学1年の時には学校の先生から時々手紙が届いていました。それには全く学校のことは書いておらず、先生自身の子どもさんのことや、ご覧になった映画の話が書かれてありました。国語の先生だったので「今、学校では俳句の勉強をしています」と書かれてあると自分で俳句をつくってみたり、「これを学校に届けて」と息子が言うのでそれを届けると、それがお便りに載って返ってきたりしていました。

あのとき作った俳句が「雨上がり紫陽花光る庭の隅」という俳句でした。すると先生が「庭の隅というところがいいね、学校に行っていないけれど僕はここにいるよということを言っているんだね」とおっしゃってくださいました。そういうふうに学校には行っていないけれど気持ちを寄せてくれる先生がいる、あるいは学校には行っていないけれど会いに来てくれる友だちとの繋がりがある、というような安心の中にいられたことは幸いでした。

ある日、「友だちのいる学校というものを見てみたい」と言い出し、息子は中学2年生から再登校を始めるのですが、中学3年になり受験が近づいてくる頃にまた行けなくなりました。高校も進学したものの、行ったり行かなかったりは依然として変わりませんでした。息子は高校卒業後専門学校に進み、就職したもののどうしても続かず、宮崎に帰ってきましたが、転職を繰り返し、ひきこもり生活が始まりました。

息子の回復と家族のこと

私は息子が高校3年生のとき、乳癌の手術を受けました。あれよあれよという間に手術を受け、退院後すぐに仕事に復帰し、何を失い、何を悲しんだのかもどこかに置き去りにしていたのかもしれません。弱音を吐かず、頑張って生きてきた真面目な人間だったのです。

私自身は仕事に復帰したのもつかの間、頑張るということが全く出来なくてうつ状態になり、3か月の入院。退院後も死んだように生きている、ただ息をしているだけ、息子と二人して同じ屋根の下でひきこもっている生活でした。学校に行けなかった息子、仕事もやめてひきこもっている息子、同じように、仕事もできず、家事もできず、情けない自分。初めて息子のつらさ、動けない気持ちがわかったのです。

息子が学校に行けなかった頃に訪問してくださっていた適応指導教室の先生とは、高校進学後も、息子が働きだしてからも家族で交流が続いていました。その先生に「庭の桜の落ち葉から桜餅の匂いがしました」とはがきに書いたら「心が遊んでいるんですね」と返事が返ってきました。やっと立ち止まって、季節の移ろいや花の香り、鳥の声、美しいものを美しいと感じることができるようになり、それを「心が遊んでいる」と受け止めてくれる人のいることの安心。その頃、皆が親の会を引き受けてくれて、毎月ずっとやってくれていたのです。そんな中で皆のあったかい気持ちとかに出会ってだんだん回復していく。

だから、息子もそういうひきこもりの生活の中から回復していくのは、人の温かさ、心配してくれる人たち、そういう人たちとの出会いの中で回復していく、頑張れとか駄目じゃないかという言葉よりも、黙って見守ってくれて、その人自身が回復してくるのを待ってくれる、それしかないのです。

いい月だねと息子の返事春隣

息子はいろんな人の助けの中で就職しました。営業の仕事で大変だった時期、取引先の社長さんに励まされたことがすごく有難かったと言うし、風邪を引いて寝込んだときに、「しっかり治るまでゆっくり休んで」と声をかけられたことが本当に心に沁みた。今では、父親とも仕事の話をし、相談をしているようで、少しずつ息子も成長しているなと思っています。

息子ときょうだいたちは私たち両親の姿や家族というものをどのように感じていたのでしょうか。学校に行けなくなった息子を当初から追い詰め、仕事を辞めて帰ってきたときも一番触れてほしくない、金銭的なことを持ちだし、息子を怒りに震えさせた母親。片や仕事を頑張っている父親は怖い、逆らえない、立ちはだかる姿で息子には映っていたのかもしれません。あるとき、ゲームが欲しいと言う息子の誕生日にバットとグローブをプレゼントし、学校に行かないことを正座させて説教する父親の前で、突然バットを振り回し、「こんなもの！」と地面に打ち付けた息子の心を何もわかっていない私たちでした。でも、手術後うつになった母親の世話、家事一切を引き受け仕事に出かける父親の姿を見ながら「親父は怖い人だと思っていたけれど、本当は優しい人なんだ。おふくろにとてつもなく優しいから」と思ったようです。

息子の登校拒否を心配しながら仕事や社会的活動を頑張る両親の姿は他のきょうだいたちにも大きな負担を与えていたように思います。「私は我慢していた」と大人になって言い始め、責められる日々が長く続きました。親に気を遣い、きょうだいの不登校を恥じ、人前に出ることを避け、甘えることも我慢してきたきょうだいたちでした。けれどそうはいってもあの頃は必死だったんだと、きょうだいたちの訴えをなかなか受け入れられず、言い争うこともしばしばです。やがて結婚し子どもが生まれる、償いは子育てで大変な時に少しでもサポートすることくらいですが、修復の道はまだまだ続くのかもしれません。

親の会のこと

私が一番つらかった頃、それは車に乗せて学校に連れて行っていた頃だったのですが、学校への坂道を自転車を押しながら子どもさんと一緒に歩いているお母さんがいて、その後ろ姿を見ながら同じようなお母さんがいると思っていました。現在もともに親の会を続けているKさんです。また、学校に行けば昇降口で靴を脱ぐのをためらっているお子さんとそこに付き添っているお母さんと出会い、声をかけあうようになり、いつしか集まるようになりました。子どもが学校に行かないことでひっそりと生きている、あるいは子どもを追いたてる、そのようなことをいっぱいしていた時期なので、同じ親たちがいるということが支えになっていきました。ただただ集まり合っていました。

１９９３年10月、お母さんたちといっしょに高垣忠一郎さんの講演会を開き、１００名くらい集まりました。「登校拒否とその周辺」演台の横にコスモスの花を生けました。そして会が終わった後、一緒に取り組んだお母さんたちと「このまま解散するのはもったいないね」「コスモスの花のように揺れながら悩みながら支え合う親の会だね」と、親の会「コスモス会」が誕生しました。

例会はその名の通り、参加者のほとんどはわが子の登校拒否・不登校に悩み、揺れながらも支えあう、親たちの集まりです。集まれば、子どものことを語りながら、いつの間にか自分のことを語っている、ここでなら自分のダメなところも責められず聴いてもらえる、話しながら自分に気づく。失敗談も笑いに変わる。会を続けていくうちにいつの間にか「人の話を聴く、自分を語る」という態度が身についていて会の流儀のようになっている不思議。

３年前に代表も変わり若返りました。いろんなことをやって突っ走ってきた会から今はゆっくりと、できることをできるときだけ、無理しないでという雰囲気に変わってきています。けれど、みんなで助け合っていくうちに例会は毎月開催、通信発行もみんなで原稿を出し合い、毎月発行が続いています。それは「親の会だけは何としても続けたい」というみんなの熱い思いがあるからと思います。その会がみんなにとってなくてはならないものになっているか、そういうものとして会が育っているかということを教えられた出来事でした。

凍蝶《いてちょう》やここならこの人たちとなら

やがて27年になる親の会。これからも「ここなら、この人たちとなら」と揺れながらも支えあっていきたいです。

不登校という我が家の宝物――家を居場所にして

高島　静雄（茨城）

娘の登校拒否

長女は、現在小学校6年です。幼稚園年長の時、団地住まいから家を建てることになり、転園しましたが、移った園での写真に笑顔の姿が無くなっていました。小学校の入学を本人も楽しみしていたのですが、それから間もなく、朝ぐずぐずして着替えない、泣きじゃくる、妻が車で送る、「休みます」と連絡する、などが毎朝続きました。車の中では、妻に「鬼!!」なんて暴言を吐き、車にギュッとしがみついて降りない状態でした。私も妻も、重いつらく苦しい毎日でした。

ある時、娘が遠くを見て涙を浮かべている姿を見て、私も腹をくくり、「もう学校へ行かなくてもいいよ」と言いました。娘は、カーテンを閉めて、外部との接触を避け、ドアホーンのピンポンの音にもビクビクして奥に隠れ、涙目になる状態でした。

まわりからは、変わった親、育て方が悪い、子どもを施設に入れたなんて、いろいろ噂されたりして、世間体という壁に、私も妻も人と会うのが苦しくなりました。

親の会に出会って

そんな極限状態の中、たまたま仕事で東京の本屋に立ち寄り、『心から心へ』という本に出逢いました。山梨の「ぶどうの会」の出版でした。すぐ代表のSさんに電話し、日を決め、家族で山梨へわらをもすがる思いで向かいました。話をすると、Sさんは「親の育て方が、悪かった訳じゃない、正義感があり、感受性よく育っていますよ」と誉めて下さいました。「心の傷をいやす。子どもの安心出来る居場所を家の中に作ってあげる」「親が世間の防波堤になってあげる」「妻の話を夫は、聞いてあげる」「子どもを信じて、任せて、待つ」など、不登校になっていく状況や回復していく段階をていねいに教えてくださいました。

その後、より近い千葉の「ひだまり」をSさんに教えていただきました。ひだまりでは、講演会、親の会などに参加し、多くの知り合いができ、さまざまな学びがありました。

娘は人目を避け、まったく家から出ず、2年生になり、市の適応教室に週1～2回ぐらい通うようになりました。他の子と交流させてもらい、料理をしたり、お祭りもあって、少しずつ娘は元気になりました。

3年生になる時、妹が1年生になることもあり、先生方から勧められ、情緒学級（特別支援学級）のある隣りの学校に転校しました。そして、通常学級に行く妹の世話をしながら情緒の教室に通い、4年生では若い女性の担任と相性が合い、時々同級生の教室へ行って授業を受けたり、楽しい行事もあって、嬉しそうに話してくれたり、親の私たちも幸せな気分にさせてもらいました。5年生に進級の際、「一美ちゃん（仮名）、元気になったから、教室に戻しましょう」と言われ、本人も同意したというので「長かった不登校からも、おさらばか。良かった」と思いました。

そう思ったのも束の間、娘は学校から帰って来るとぐったりしてしまい、よほど疲れるのかすぐリビングで寝てしまう状態が続きました。そんな事が1か月ぐらい続いて、笑顔も消えて別人状態になってしまったので、「我慢していい娘を演じていたんだな」と気づきました。「親は喜んでばかりで、娘の真の気持ちに気付いてやれなかった」と反省しました。意を決して学校と話し合い、また家に居る状態に戻させることにしました。

家を居場所にして

それからは、家が居場所の生活となりました。そんな時、適応教室でお世話になったA先生が、自宅で塾を開くことになりました。楽しく塾に通い、いろいろ遊びました。

A先生のお嬢さんが美術大の学生さんで、塾を手伝って下さって、娘の絵の才能を見出して下さいました。娘も絵に興味を持ち、将来絵に関わって行きたいと言うようになりました。4月からは、中学生になりますが、少しずつ少しずつ変化を見せています。

妹ですが、幼稚園の頃はよく笑わせてくれて、とても元気でした。小学校へ入学すると、他の子に意地悪されたりして、姉と同じように行かれなくなりました。「お前もか！」となかなか受け入れたくないのが、正直な気持ちでした。上の娘と一緒に家を居場所に戻して、学校を休ませる選択をしました。

A先生の塾で少し勉強を教えてもらったりしながら元気になり、ピアノを教えていただき、最近発表会がありました。姉と夜中練習したりして、多くの観衆が見守るホールで最後まで演奏を続けて、私たちはうれし涙をもらいました。今、妹は音楽に自信を持ったようで、「音楽をやってみたい」と言っています。

親も育てられた

妻は、上の娘が不登校になった時「まわりからは、母親が悪いと言われ、誰も助けてくれなかった」と言っていました。私も責めて、申し訳なかったと思っています。妻はうつ状態にもなりましたが、今は快方に向かっています。栄養を考えながら食事を作ったり、娘たちとゲームしたりコミュニケーションを取ったり、家の居場所の空気を変えてくれています。家族の大切さを感じながら感謝しています。

私は10年前に会社の車で人身事故を起こしてしまい、会社へ行けば居場所がなく、針のむしろ状態。家に帰って来れば、無気力状態。事の重大さに押しつぶされ、死も頭をよぎりました。妻に「変なこと、考えてない？　あなたはスッキリするかも知れないけど、残された私たちはどうなるの？」と言われ、ハッと我に返り、踏みとどまらせてもらいました。自分の事故の経験で、妻や娘たちの気持ちも十分わかってあげられる気がして「今度は、自分が家族を守る番だ」と思っています。あらためて家族の存在が自分の生きる力、励みとなっています。

二人の娘に「生まれて来てくれてありがとう」と思います。親として、二人の娘に育てられた事を感謝します。

◆親の会に出会って◆

ネックレスの絆——仲間の支えで歩み出した私

松本千代乃（大阪）

わが子の登校拒否

子どもが三人います。中学に入ってはじめは楽しそうに登校していた次男が、連休あけからだんだん必死の顔つきで行くようになりました。担任の先生は登校するように一生懸命誘って下さいましたが、行けませんでした。小学校の時から入っていた少年野球の監督が心配して練習以外でも一緒に遊んでくれ、毎朝学校の近くまで一緒に行き家まで連れて帰ってくれていました。私は何とか学校に行ってほしい、とばかり考えていました。そして3学期の始業式の日、監督が来ても動けず、はじめて自分の言葉で「しんどい」と言いました。監督は「つらそうだし自分で行くというのを待とう。学校へ行かないと言う考え方もある」と、動物園やスーパーの買物など息子と親子のようにつきあって下さいました。

家の中では、制服や靴下をみても震え怖がり、部屋の隅で不安そうに丸まっている次男が心配で「お散歩に行こう」と、私の知り合いの先生がいる心療内科に誘いました。先生の対応がよかったので、その後私がお散歩に誘うと安心してどこへでもついてきました。

その頃大阪の「登校拒否を克服する会」の交流会に初参加し、教育相談も受け、地域の交流会ともつながりました。そして仲間と一緒に会の運営をするようになりました。

当時の私は自分が話をするのも人の話を聞くのもつらかったのですが、北海道での「全国のつどい」にはじめて参加しました。「分科会に出るも出ないも自由にしたらいい」と言ってくれた人がいたので、その人のそばで、ずっとボーっとしていました。

このことは、遠くへ来てしっかりと子どもと離れて自分自身を見直す機会になり、子どものことをゆっくり考えることができた大切な時間でした。

次男からのプレゼント

次男が中1の3学期、私も息子もこれから先どうなるのか不安がいっぱいの日々を過ごしていました。そんなある日、姉と二人でサンドイッチなどを作って、私の誕生日を祝うパーティをしてくれました。プレゼントをくれました。金のネックレスです。お正月のお年玉をはたいたようでした。「お母さんこんないいものはじめてもらうわ。お金なくなったやろ」と言うと、次男は目をキラキラさせて「指輪はお母さんの仕事の時ダメやろ。だからネックレスにしてん。もうちょっと安いのもあったけど、お店のお姉さんが、もうちょっとがんばってこれにしたら切れにくいって。だからこれにしててん」と嬉しそうに話してくれました。一人では外へ出られず、監督に頼んで宝石店へ一緒に行って来たのでした。

どうしてこんな高価なものを……と考えてもわからなかったのですが、1年以上たって高垣先生の講演を聴いていた時に、ふっと気づきました。「こんな僕を見捨てないで」「お母さん心配かけてごめんね」と言っている息子の気持ちがやっと聞こえてきたように思えて、涙が止めどなくあふれました。それ以来一度もネックレスをはずしませんでした。息子の分身なのだから、息子は分身が私の身体についていることで安心できたのだと思いました。

ところが、そんな大切な絆の金のネックレスが、ある朝起きたらありません。しかも気づいたのは夕方でした。そんな自分が情けなくて息子にうちあけることもできず、世話人会のあと、涙々で話を聞いてもらいました。

「息子さんはネックレスがなくても気持ちは通じ合っていると思うよ」「わかってくれるから話してみたら。気持ちが楽になるよ」と私の首が寂しいからとトンボ玉のネックレスを付けてくれました。それは世話人の息子さんが癌でなくなったお父さんのことを思いながら磨いた石がついているとてもきれいなものでした。石を握ると気持ちが伝わってくるように感じました。「次の誕生日にはもっといいものがくるかもよ」とまで言われました。

翌日、まず20歳の娘に初めてうち明けました。娘は弟の登校拒否を私とともに悩み、苦しみ支えてくれました。だからネックレスには私と同じ思いがあり、驚いて言葉もありませんでした。でも石のネックレスの話をすると「お母さんよかったなあ。優しい友だちがいっぱいいて」といい、弟はわかってくれると言ってくれました。

思い切って次男に話すと「しゃあないやん」「飲みすぎるからやろ」の一言で終わって、寂しいほどでした。私はとても長い間苦しんだような気がしましたが、1か月後の私の誕生日に、今度は娘と次男の二人で、プラチナのパールつきのネックレスをプレゼントしてくれました。落ち込んでいる母親を見ているのが、つらかったそうです。

何も言わないのに子どもが親をみつめ、わかりあえるようになっていることを肌で感じました。周りの人の言った通りになってびっくりしました。そんな人たちに囲まれて、ゆらゆら心を揺らしながら、泣いたり笑ったり素直な自分でどっぷり甘えられる心地のいい私の居場所ができていいます。そんな優しさに包まれている安心感で、私は自分に自信をもち強くなりました。自分の思いをしっかり言葉にすることができ、人の話もしっかり聞けるようになりました。何もできなかった私が何かをしようと思うようになりました。

借りたトンボ玉のネックレスはまだ返していません。もう少し優しさを手元で握っていたいのです。

「自分らしく生きる」から「自分を生きる」へ
――共に揺れるこころを抱きながら

上坂　秀喜（京都）

私は現在35歳と32歳の娘の父親であり、京都市で不登校・ひきこもりの「親の会」の世話人をさせてもらって19年目になります。「親の会」で過ごした時間や子どもたちと向き合った日々を振り返り、今だからこそ実感できるようになったことを書かせてもらいます。

「たいへんやったね」の言葉に救われて

次女が「いじめ」で学校へ行けなくなったのは小学校6年の秋でした。家では連日のように「死にたい」と叫び、食器を投げつけ、包丁を持ち出して暴れることもしばしばで、目を離すこともできない状況でした。そんな折に人づてに、「京都不登校の子を持つ親の会」を知り、辿り着きました。その時のことは鮮烈にこころに刻みこまれています。手渡された資料に目を通す余裕もなく、席に着き、話をさせてもらいました。ただ、こころに溜まった想いが先行して、言葉が上滑りして、こみ上げる感情と涙に翻弄されていた自分がいました。「そう、たいへんやったね」と、その言葉にどれほど救われたことか。語り尽くせないほどの安堵感と勇気をもらいました。

先日初めて「親の会」に来られたお母さんが「私はこんなに早く、皆さんにお会いできてラッキーでした」と涙ながらにおっしゃった時、私もそうだったと当時の自分を重ねていました。初めてお話を聴く時には自分のこころも一緒に揺れ動くことがわかります。世話人としてはいかがなものかと反省してしまう半面、「そう、たいへんやったね」と、かつて自分がかけてもらった言葉の奥にも、そこでの世話人さんの、こころの揺れがあったから救われたのでは考えたりもします。

昨今は各種の相談支援機関が増えたことで援助されやすい時代になりました。一方で相談支援機関と親との個別の直線的関係のみということも気にかかります。相談の目的が解決（学校復帰）を想定していることも多く、解決を急ぐあまりに、親どうしでつながり、じっくり語り合い、学び合う機会も失われているような気がします。

家庭内で親子が悪戦苦闘していくには、親がそれに耐えうる力が必要となります。お互いに辛い気持ちを語り、そして聴く。その繰り返しを「親の会」で積み重ねることで、子どもとの悪戦苦闘も可能になると思います。相談支援機関を利用しつつも、こころから安心でき、そしてみんなで成長していける親自身の居場所としての「親の会」は、とても大切な存在だと確信しています。

子どもや若者たちは、なぜ生きづらいのか

２０１７年5月21日に『登校拒否を克服する会』第１８６回交流会（大阪）がありました。私は、高垣忠一郎氏の講演「共に考えよう――不登校問題が時代と教育に問いかけること」と、その後の

特別講座「若者の生きづらさについて」に参加しました。

教育の目的が「人格形成」から「人材養成」にシフトして半世紀、高度経済成長を走り始めた頃から、不登校が出現し、１９７０年代のオイルショック以降の不況・低成長時代から急増。昨今のグローバル時代を生き抜くための人材育成の手段として、競争に勝つための「効率的管理方式」が学校に導入され、「明るく、元気に、前向きに」をスローガンに学校運営がされていて、そのために、子どもや若者たちは、こころに感じたことを自由に表現しにくく、本当のことを言えない『沈黙の壁』の向こう側にいます。「明るく、元気……」が子どもたちの光の面だとすると、影の側面、「学校へ行きたくない、苦しい、誰かが嫌い」こんな感情は持つことは許されないと思ってしまいます。

でも、そんな影も愛おしい自分です。そんな正直な気持ちを登校拒否・不登校という形で表現・行動することは一方でとても勇気と大きなエネルギーが要ります。家庭内には激震が走り、親子ともに悪戦苦闘の日々が始まります。でも、それは今の社会を相対化できる力にたどり着く意味あるプロセスだと学びました。

「自分らしく生きる」と「自分を生きる」

高垣氏の講演の中では「自分らしく生きる」と「自分を生きる」のお話がとても印象的でした。よく「自分らしく生きれば良い」と言われますが、では自分らしくとはどんな自分なのか、自分の描く「らしさ」が内から発するものでも、また他者から評価される「らしさ」であっても、「自分らしい」に閉じ込められたその他の自分（例えば弱い自分）は厄介者として扱われます。そこで「自分らしく」ではなく、「自分を生きる」（まるごとの自分を生きる）ことの意味をしっかりと考え、大切にしてくださいと話されていたように覚えています。

その話を聞きながら私は長女のことを思い出していました。それは現在35歳になる長女の物語です。彼女は中学からマンガ家を目指し、専門学校に入学して半年の19歳の時に学校に通えなくなります。

小学校4年生まではのびのびと過ごせる学校生活でしたが、小学校5年から中学3年まで5年間は厳しい評価の目にさらされながら「自分らしく」もまかり通らない、常に頑張る良い子でなければ認めてもらえないものに変わりました。本来、遊びにも学業にも一所懸命にとりくむ活発な子でしたので、学業優先の担任の方針にも対応でき成績もグングン伸びて先生のお気に入りの生徒になりました。

ただ、先生の評価が上る一方で自由で豊かな感情はしぼみ、表情は平板化していきました。その原因は自分の影の感情を殺して生きていたからだと考えています。表情の平板化は中学でより顕著になり、のっぺらぼうのような表情で3年間登校していました。結果、その影響が専門学校入学後に現れました。中学時代の学習評価のみで生徒の人格まで決めつける先生たちの言動が背後霊のように取り憑き、ビデオを見るように思い出されると精神的に病みました。専門学校も1年休学して卒業。その後4年間はひきこもり状態でした。

19歳から25歳までの6年間は今までの失った時間を取り戻すかのように、「らしく」に執着しました。マンガ家を目指していましたので「自分らしい理想のマンガ家」にしがみついていました。

具体的には20代前半でデビュー、自分の世界観を曲げないマンガのみで勝負して稼ぐ。厳しい業界内でそれを実現できるのはほんの一部です。マンガ家の登竜門である大手雑誌の新人賞を目指し、投稿・落選を繰り返し、自信をなくしていきました。精神的にも不安定な時期で、落ち込む度にリストカットを繰り返し、親子関係もギクシャクしていました。その上、他者との関わりがほとんどなかったことで自分を客観視できない時期でもありました。

「自分らしく」のよろいを脱ぎ捨てて

娘に転機が訪れたのは26歳くらい、友人の離職や離婚の噂話を聞いてからでした。自分だけが結果を出せず惨めだと決めつけていたのに、「友だちもいろいろあるんだと思えたら楽になった。人の不幸にホッとするなんて良くないことかもしれないけど」と正直で素直な気持ちを訴えました。そして誰かと比べて生きていたこと、自分が理想とする「自分らしさ」を追い求めていたことにも気づき始めました。

とはいうもののそんなに都合よく、自分を変えられる訳がありません。その後は、マンガを一時中断して、イラストに没頭し始めました。さまざまなイラストを描きました。28歳からは、ある支援機関に属して、イラストを葉書にして販売したり、知り合いに頼まれてペットのイラスト、結婚祝いのイラストを描いたりと画風の幅も広がりました。反戦のイラストを描くことも多く、鹿児島の知覧での取材旅行で感じたものを描くこともありました。

そんな経験を踏まえマンガも再開しました。ジャンルにこだわらず、自由に投稿できるようになり、不採用でもあまりめげなくなりました。今では小さいながら、ある大手出版会社の電子マンガの仕事がもらえたり、地元の出版会社の研修にも誘われたりしています。時間をかけながら、「自分らしく」のよろいを脱ぎ捨てて、閉じ込められていた「いろんな自分」にお帰りなさいを言いながら少しずつですが自分の気持ちや感情を大切にして生きていけるようになりました。

ただその分、周囲との小さな摩擦もありますが、素直な気持ちを伝える努力をすることで、良い関わりも持とうとしています。上手くいかない時もありますが、その時は「縁がなかったね」と親子で話し合っています。

「自分を生きる」というのは子どもや若者だけではなく、大人にもあてはまる大切な人生の大きなテーマです。親は子どもに自分が描く理想の「子どもらしさ」をわが子に意識せずに押し付けているのかもしれません。その上、世間の眼差しと慌ただしい日常の中で「自分を生きる」ことができないでいるかもしれません。子どもが学校に行かなくなることで、親子ともに「自分」を目の当たりにします。今まで抑圧していた感情が吹き上がり、その感情に翻弄されながら親と子が家庭内で対峙します。

でも、決して孤立していないことを、HELPを出すことは弱さでないことを知って欲しいと思います。手を伸ばせば、そこには「親の会」や相談支援機関があります。一緒に揺れうごく感情に寄り添ってもらえる場があります。親子がともに、不登校という機会をきっかけに、簡単ではないかもしれませんが「自分らしく」から「自分を生きる」に生まれ変わってもらいたいです。

◆親の会に出会って◆

私もまだまだ成長期——子どもに「ごめん」が言える大人に

山川　妙子（大阪）

自信のない私がいた

長年働いた職場を退職した。18歳から働き65歳までよく働いたもんだと思う。小学校の文集に「私はサラリーマンになって、一人で過ごしている」と夢のないことを書いている。したいことに進む行動力もなく、引っ込み思案で自分の意見が言えず、好きな人が出来たとしても何も言えない、そんな私だから結婚もできないだろうと小学生の時思っていた、とても自信のない子どもだった。でもクラスの男子・女子とも仲良く楽しく遊べる子どもでもあった。小学4年生の時を思い浮かべると、暗い学校の廊下をとぼとぼと歩く私が出てくる。授業の内容はわかる。答えもわかる。「でもあてないで先生」と下を向いている私。「しんどいのか？」と先生に聞かれたこともあるくらい緊張して言えなくなる。合わせて、したこともないそろばんのクラブに友だちに誘われて入り、他の子はすぐ答えを言うのに（そろばん塾に行っている子が多かった）自分はみんなのようにそろばんを使えない。「できないわ」「わからんわ」「やめる」も言えず、悶々としていた。あの時はしんどかったと今も思い出す。

高校1年、初めて自分のしたい教科「音楽」を選んだ。いつも母親から言われるままの子どもだったので、母親が「自分で選び」と言い、音楽と書いた。すごくうれしかった。2年図書委員になると手を挙げた。生徒会選挙にでた。文化祭をみんなで作った。一つひとつの経験が私の力になったけど、やはり根底には自信のない消極的な私がいた。

出会いがあり家族を持つようになり、私は「嫌なことはイヤ」と言える子どもに、外で元気に遊ぶ活発な子どもにと自分の出来なかったことを望んでいた。すくすくのびのび育ってほしいと思いながらも「学歴社会」の中でいつの間にか焦っている親でもあったように思う。

自分づくり

子どもが学校に行かなくなった時「怠けている、このままではいけない」と叱る、脅す、無理やり学校に連れて行く、世間体が悪いと子どもを追い詰めていた。この子はどうなるの？　不安と焦りで潰されそうだった。その時大阪の教育相談を紹介され、交流会にも参加するようになった。私ひとりじゃない。安心して話せる、聞いてくれる。本当にうれしかった。教育相談と交流会に欠かさず行き、学習する中で子どものつらい状況がわかるようになり、自分づくりをし直している子どもを見守れる親になろうと思えた。それでも時々焦り不安になる私を支えてくれたのは交流会だった。

そして交流会を進めている世話人に私もなった。母親に「私が世話人をする」と言うと「お世話になったんだからやれることしたら」と言ってくれた。その言葉はうれしかった。世話人の大半は親だけど相談員の先生も入り、一緒に交流会をどう進めるか話し合った。

「○○ちゃんどうや」「こんなことあってね」と子どもの近況や思いを出し合いながら始まり、一つひとつの議題を互いが分かり合うまで話し合う。子どもが自分づくりの積み上げをしているのと同じ。私たち親もここで自分づくりをしていると思った。そしてすごいなあと思ったのは、相談員のM先生。組合の役員もされていた先生は、いろんなことをご存じなのに、私たち親が考え話し合って出す意見を待っている。決して導くようなことは言わない。対等な立場で意見はいう。会議の時間はかかるけど、こんな私も自分の考えを言うようになった。ただし緊張して、まずトイレに行って気を落ち着けてからだったけど。

「わからないことはわからない」「なにがわからないかを言おうね」その頃の先輩お母さんの言葉。同時に地元のお母さんたちと作った地域交流会。地域交流会も相談員の先生たちと親で進めている。

一緒に考えあえる輪のなかで

世話人をする中で、登校拒否・不登校をしている子どもたちのことをわかってほしい、一緒に考え、支えてほしいと思い、全国教育研究集会や日本母親大会などに行くようになった。ドキドキしながら勇気を出して体験と意見を言った。

子どもが一人の人間として、育つのを見守り支えるのが私たち大人の役目。その一つに学校があり、大人（先生・親ほか）や子どもの集団の中で交わり合い、学習して一人ひとりが自分の育ちをするところと思う。自分づくりをし直している息子たちが教えてくれた、それに気が付いた大人として力は微々たるものだが、一緒に考え合える輪を広げたい。そんな思いでいる。

昨年夫の17回忌を迎え、久しぶりに家族が集まった。娘たちも家族を持ち十一人の賑やかな法事になった。息子が登校拒否になった時「あなたが先頭に私たち家族を引っ張ってくれないと」と詰め寄った私。「僕もどうしたらいいかわからない」と率直に自分の思いを言った夫。教育相談と交流会に出会えて、夫婦で子どもと向き合えた。息子は今沖縄で独り暮らしをしている。気になることはまだまだあるけど、子どもの力を信じてと自分に言い聞かせている。なかなか成長できない。

長女に「お母さんは言葉の暴力をしてた」と言われた。「そうか、ごめんね」と言えず意地を張る、幼稚で素直になれない。子どもたちは率直に私に向き合ってくれているのにそれを受けとめようとしない。子どもを一人の人間として尊重するということがまだわかっていない。

まずは「ごめん」、「ありがとう」が素直に言える大人に。

私もまだまだ成長期。

◆親の会に出会って◆

希望を抱けるようになった——つながりあいを築く中で

川俣　浩子（東京）

ランドセルを見るだけで涙

現在、中1の長男が「腹痛、下痢」を訴え、学校へ行けなくなったのは、小5の4月でした。あれから2年しかたっていないのに、その2年間は、真っ暗闇のトンネルの中に入り込んでしまったような日々でした。私自身が、どれだけの涙を流してきたのでしょうか？　小学校の前を通って、元気な小学生がランドセルをしょって歩いている姿を見るだけで、涙が出てきてしまう。担任の先生とのやり取りに苦しくなってしまったこともありました。教員をしている夫の一言一言に腹をたてたこともありました。何を見ても、何をしていても、苦しく辛い思いに押しつぶされてしまいそうになってしまう毎日。そして、弱く、情けない私自身に、ふがいない思いでいっぱいになっていました。

夫からは「不登校文庫を開けば！」なんて揶揄されるくらい、本を読んだり、さまざまな学習会や講演会に参加していました。

しかし、私以上に、本当に苦しかったのは、長男だったのです。長男の辛さをわかりながらも、受け止めきれない、母親である私がいました。沢山の葛藤を繰り返した日々でした（過去形ではなく、現在進行形ですが……）。

生活している地域に「親の会」を

私の住んでいる地域には、幸いにも先輩たちが作った「親の会」がありました。たまたま知人から紹介されて「親の会」の方にお会いしました。しかし、その「親の会」は、世話人さんたちそれぞれの事情によって「店じまいを考えていこうか……」そんな相談をしていました。

親の会が各地に誕生し、活発な活動をしていた頃と現在を比べて、何が変わってきたのでしょうか？　登校を拒否し不登校になってしまった子どもたちの苦しみ、親の苦悩は変わってきているのでしょうか？　小・中学校には、非常勤のスクールカウンセラーが配置されるようになりました。私も、スクールカウンセラーと何回も話しました。しかし、少し気が休まったくらいだったでしょうか。時にはかみ合わないアドバイスに翻弄されてしまったこともありました。インターネットで様々な情報に巡りあいました。フリースクールを知り、子どもも、私も、少しずつ、変わっていくことができました。しかし、生活している地域に戻れば「不登校」は少数派です。保育園・小学校と仲良くしていたママ友と道で会ってお話ししても、その後は、かえって辛くなってしまいました。ママ友を見つけても、挨拶されないように、さっと隠れるようにすることもありました。

そんな思いでいたので、小さくても、生活している地域に「親の会」が存在することが大事だと思うようになりました。人が来ない時もありましたが、ささやかな例会を月1回、1年ほど継続することができました。

先日、進路の学習会を行いました。子どもに教わりながら、「親の会」のブログを作ってみたり、SNSをやってみたりしました。学習会のチラシを作り、区内の中学に届けることをしてみました。インターネットを見て、遠くから参加された方もいました。SNSで知り合った方は「100のネットへの書き込みより、1回の親の会への参加が力になった」と話していました。行政主催の学習会で知り合ったお母さんは「ずーっと、親の会を探していた」と話していました。

例会に参加した方から、こんなメールが届きました。

「親の会にめぐり合えて良かったです。つながりができて、選択肢が増えました。子どもとの関係がここ数日良いのは何故かな？　と考えています。多分、私が家族に少し優しくなれて、家族でマッタリ過ごせるからだと思います。」

今の時代は、インターネットの情報、病院、カウンセリングなど、個別のサポートは、いろいろ探し、そしてお金を払えば、継続的な親身なサービスは受けられるのかも知れません。個別のサポートはもちろん重要です。同時に、繋がりあうということをしないと、親自身の価値観の転換をしていくという、大きな仕事は、できないなあと感じています。

子どもたちもですが、親世代（私たちの世代）も人間関係がバラバラになってきた世代です。保育園や学童の父母会の存続も大変でした。現実の厳しさの中でも、公教育を豊かにし、すべての子どもの「生きること　育つこと」を守っていくためにも、そして親自身が安心していくためにも、さまざまな「親の会」がうまれ、つながりあい、考え続ける大人の輪が大事なのだと思います。

希望を抱けるようになってきて

1年ちょっと前、同じ東京都内の西の端にある親の会（私の地域は東の端の親の会）が主催した、高垣忠一郎さんの講演会に参加しました。その時の高垣先生の話はもちろん、講演会の後の親の会の皆さんのあたたかい雰囲気に、とても心が優しくなれました。いつか、私の住んでいる地域でも、不登校の子どもと親が、心から安心できる、前を向いて歩いていけるような講演会を開けたら……、と、1年前から密かに思っていました。

そして、もうすぐ、横湯園子さんが私たちの親の会が主催する講演会に来てくださることになりました。準備はこれからですが「地元の教育委員会に後援をもらいたい」「長男が在籍中は心の繋がらなかった小学校の先生方、長男の友だちが通っている中学校の先生方にも、お声かけをしたい」「一人ぼっちで苦しんでいる方に、横湯先生の声を届けたい」そんなことを思っています。

今まで、学校や教育センターの方たちと話していると、暗い気持ちになり、マイナスの感情で心がいっぱいになっていました。やっと、少し、プラスの感情を抱きながら、動けるようになってきました。

そして、親たちがつながって、少しでも、子どもたちが、安心して育っていけるような地域にしていきたい。泣いたり、怒ったりの感情で溢れていた私も、希望という感情を抱けるようになってきました。

親の会、作ってしまいました——とにかく話したくて

月村　江美（東京）

苦しかった

『行きたくないなあ』のつぶやきから始まって、学校に行かなくなってしまった我が子。何が起こったのかさっぱりわからない。この子の気持ちをどうくみ上げたらいいのか、見当もつかない。夜中に音量を最小にしたiPadを抱くようにして、心の叫びを歌い上げるような曲を聴いている。ベランダに出て、ふっと手すりを越えてしまいそうで、怖くて怖くて、眠ったふりをして、でも1時間ごとにタイマーをかけて起きては我が子が生きていることを確認した、息をしていても酸素が入ってこないような毎日。

苦しくて苦しくて、誰かに話を聞いてもらいたくて、めったに人には自分のことを打ち明けない私がとにかく現状を話して回った。こんなことは初めてだった。

そんな中で、うちの子も学校行かなかったよ、と話をしてくれる人や相談員、カウンセラーに出会うことができた。体験をたくさん聞いた。読んでみたらいいよと勧めてもらった本や、全国連絡

会のニュースをむさぼるように読んだ。体験談は読むたびに胸がつかえ涙が出た。知れば知るほどつらくて資料を読むのを避けた時期もあった。

嫌で嫌でたまらなかった昼夜逆転、ゲーム依存、でも、それが命をつないでいると理解できたら、ぐちゃぐちゃな毎日がいつかは違う日になると思えるようになった。このころ、ようやく子どもとのコミュニケーションが取れるようになった気がする。

ここまで要した時間は約1年。ちょうど東京・永山での全国のつどいのあたりである。支援者が多いんだろうなと参加したつどいで親（保護者）が多いことに驚き、児童精神科医の田中哲先生の講演を聞いて現状を俯瞰したように頭の中がすっきりした。心に残ったのは「『学校に行けない』のはそんなに『いけない』ことなのか」という先生の言葉。子どもを育てることの最終的な目標は『自立』であるという考え方。分科会では親の会を立ち上げた方が、会は「そうそう、それあるよね～って笑いとばし、そしてすっきりする場です」とおっしゃったのが印象的だった。

親の会が欲しい――作ってしまおう！

私は、早い段階で地域の親の会を探したけれど市内には見つけられなかった。近隣には見つけたものの平日や土曜の昼間に行っているものがほとんど。週末は仕事だし、平日は子どもをひとり置いて参加するわけにもいかず悶々としていた。

まわりにも不登校の子どもたちがたくさんいることを知っていた。苦しかった日々、でも専門家に出会って目の前が開けたようなあの感覚。知る、理解する、共感してもらう、見通しが立つというポジションにいかに早く辿りつくかがとても大切だと感じていた。

不登校真っ最中の親である自分が会を立ち上げるのは無理があるのではないか、でもあの苦しかった日々を思うと、今、家にいて途方に暮れている人がいるならば話をしたいと思った。あんな気持ちから早く解放されてほしいと思った。

ええい、とにかく走り出してみよう。そう思った私は、ずっと話を聞いてくれていたOさんに相談してみた。Oさんは私にとって普通の地域の知り合いだったが、不登校のことをまわりの人に話しているうちに、彼女は実は相談員もしていて、悩んでいるなら彼女が力になってくれるよと改めて紹介された人物である。

「応援するよ、以前ここにあった親の会は休眠していたけれど、また必要になる日のために公民館登録は継続しているから」の言葉に押され、毎月第四土曜の夜が私たちの会になった。働いている人も、家を空けにくい人もこの日ならば足を向ける気になってくれるのでは、と決めた。

まずはここに話せる場所があることを知ってもらうことが会の目標。第1回には今まさに不登校中の親、もうちょっとの親、不登校は卒業した親、支援者合計一〇名が集まった。

ある方が、「当時、親として出来ることは限られていたけど、たくさんの大人に力を貸してもらった、だからよその子の力になりたい」と話してくださった。こんな言葉に励まされて、頑張りすぎず私らしく進んでいこうと思う。

◆親の会に出会って◆

届けたい　メッセージを――語りあう場を求めて

山崎　未来（滋賀）

平成16年、不登校の子を持つ親の会を立ち上げてから、今年で10年目になります。大きなことはできません。〝毎月1回みんなで集まって、お茶しながらおしゃべりをする〟そんな活動をただただ続けてきた10年でした。

参加したきっかけは、小学校へ入って間もなく学校へ行けなくなったわが子と日々格闘している頃、子どもの通う小学校で養護教諭をされていた先生が、「親の会を作ろうとしている人がいるけど参加してみない？」と誘ってくださったこと。以来、たくさんの話をし、いっぱい考え、一緒に涙を流し、支えてもらってきました。また、その先生から「不登校・登校拒否を考える会」を紹介していただいたことが、その後滋賀県連絡会と関わるきっかけとなったことを思うと、私にとって先生との出会いはとても幸運なことでした。

この原稿を書くにあたり、以前『全国連絡会ニュース』に投稿した原稿をもう一度読んでみました。それはちょうど中学3年生の息子が、義務教育をほぼ受けることなく卒業しようとしている頃に書いたものです。

――『義務教育』っていったい何なんでしょう。日本の子どもたちには等しく教育を受ける権利があるはずなのだけれど。そして、私も息子もあえてその権利を放棄したつもりはないのだけれど。結局、義務教育を受けることなく9年という長い年月が流れてしまいました。

当たり前の権利が与えられない。勤労の義務を果たし、納税の義務を果たし、教育の義務も果たす気は満々。ただ息子は教室が苦手、それだけのことです。それだけのことなのに「学校に行かないんだから、教育を受けられなくても仕方がない」と片付けられてしまう、自ら権利を放棄していると言われてしまう、そんな理不尽さに悔しい思いを抱えていた頃。そしてこのまま義務教育期間を終えてしまう絶望にも似た喪失感に苛まれていた頃でした。今思えば、自分自身よく持ちこたえられたなぁ、と思います。地域の親の会や滋賀県連絡会に参加していなければ、心が折れていたのではないでしょうか。

「思いを話せる人がいる、それだけで本当に気持ちが楽になる」

それは、全国各地で親の会につながっている多くの方が体験していることでしょう。

「今つらいから、ちょっと話を聞いてほしい！」

そんな時に出向いて行ける場所がある、それがどんなに大切で必要なことか、振り返ってみて強く感じます。

単位制課程に進学した息子は

今、息子は高校を卒業する時期を迎えています。この3年間は、信頼できる先生や友だちと出会い、やりたいことに思い切ってチャレンジすることを覚えて、まるで義務教育期間に経験できなかったことをやり直すかのような充実した日々を送りました。もちろんすべてがスムーズだったわけではありません。3年間ほぼ遅刻、なかなか登校できない時期もありました。それでもこうして卒業までたどり着けたのは、不登校を経験した子どもたちが多くいる環境、単位制の緩やかな制度の中で過ごせたからだと思います。

そして私自身も、学校で開かれる親の会や懇談会でたくさんのお母さんたちとお会いして、貴重な経験をさせていただきました。高校で親同士が語れる場があるところは、あまりないと思いますが、わが子が通う学校では、定期的に親同士が語り合う会が開かれていました。そこでの話の中で、「なかなか人に話せないしんどいことを、ここでは聞いてもらえる。安心して話せる。こんな会があって、本当にありがたい。」という声がありました。それは地域の親の会に参加する人たちから聞かれる声と同じです。しかし、それとともに、

「子どもが中学校に行っていなくて本当に苦しかった時、こういう場所があったらよかったのに……」

という言葉を何度も聞いたのです。

「つらいときにはここで聞くよ」と、多くの人に伝えたい

「ひとりぼっちで悩む親をなくしたい」

それは全国連絡会や滋賀県連絡会を支える〝思い〟です。私もそれに共感し、連絡会や親の会で活動してきました。しかし、まだまだ届いていません。私が会に支えられていた時にも、つらい気持ちを誰にも話せず苦しんでいた人たちがこんなにいたのだ、ということを痛感させられました。

「滋賀で全国のつどいを！」……私がそう思うようになったきっかけの一つがこのことでした。私も子どもの通う小学校の養護教諭が別の人だったら、親の会や連絡会にたどり着けなかったかもしれません。全国のつどいが開かれれば、今まで届かなかった人にも、親の会や連絡会の存在を伝えられるはずです。少しでも多くの人につどいに参加してもらい、こんな居場所があることを知ってもらいたい、一人で悩まないでと声をかけたい、そう思いながらつどいに向けて取り組んでいます。8月のつどいではたくさんの方に参加していただき、心を癒してもらえたら、そして、あなたのそばに仲間がいるよ、というメッセージを受け取ってもらえたら幸いです。

さて、10周年を迎えた私たちの親の会。10周年だからといって何かを計画しているわけでもありません。ただ居場所としてそこにあり続けたい、つらいときにはここで聞くよ、話に来て、そんな感じで細く長くゆっくりと続けていきたいと思っています。

◆親の会に出会って◆

「大事な忘れもの」って――実は「出会いと気づきの宝もの」？

藤　風子（京都）

私は、この頃、登校拒否の子どもたちや親たち、そのまわりの人びととの「出会い」の楽しさを味わっている。

どん底で出会った1冊の本

2年前、小学3年生の娘の登校しぶりがひどくなり、不安と恐怖で、私は独りでオロオロメソメソ状態だった。心を鬼にして嫌がる子を車に乗せ、学校まで連れて行っても車から降りられず、自宅に戻る車中で私の涙が溢れて止まらなかった日もあった。そんな苦しさのどん底で、1冊の本との出会いが、私を変えてくれた。高垣忠一郎氏の『大事な忘れもの　登校拒否のはなし』だ。真夜中に泣きながら赤線を引いて読んだ一言一句が胸に落ち、「高速道路で疲れ果ててドライブインに入って休息するだけなんや。娘を信じよう」と、娘の登校拒否を受け容れ、デーンと開き直る気持ちにさせてくれた。

まず、娘と大事な出会い直しもできた。仕事を休んだ私に、昨日までのやさしくよい子が豹変して激しさをぶつける毎日。「子どもの気持ちもわからないなんて、母親失格や！」ときつい目つきで言われた言葉が心にささった。「一日中、私を見ていて！」というのが言いたいんやなというのはわかっても、娘の心がするりするりと逃げていく感じだった。1か月ほどして私の頭から用事が全て消え、今日から娘のことだけ見てあげられると思って娘を見つめると、信頼した瞳で見つめ返す娘の笑顔にハッとさせられた。「学校に行ってなくても、こんなにいい笑顔ができる。笑顔と命が何より大事」と心底思えた。娘が誕生した時の愛おしさを思い出した。不思議なことにその日から娘はやわらかな表情で「ハツラツとしたことがしたい」と一歩ずつ動き始めた。

新たな出会いから新鮮な力をもらって

それでも、やはり親心は揺れる。娘が登校拒否をした1年半の間、母子ともに支えてもらったミニ親の会のホッとする仲間たちとの出会い。限りないエネルギーをもらった。

そして最近、新たな出会いの一つひとつが楽しい。例えば、秋の近畿ブロックひるぜん交流会。親の会の世話人さんや相談員さん、大学生の居場所スタッフさんたちが、岡山の蒜山高原でゆっくり過ごす一泊二日。初めて参加したのに、若かりし頃の大学のサークルを思い出させるようなあったかさ。大阪の親御さんたちの明るさ、たくましさ。若者たちの自然さ。自分の中に新鮮な酸素が入ってきた感じだった。娘も参加し、大学生のお姉さんたちと出会い、メッチャ楽しかったようだ。

11月に親の会で開いた講演会でも素敵な出会いがあった。「諸君のしていること全てに意味がある。大丈夫」「〝休んでいいよ〟よりも〝しんどいんやね〟って声をかけてあげたい」という話も心に残ったし、四人の子どもたちの発言に心打たれた。登校拒否の子どもたちの言葉というのは、その時々の、どんなに短い言葉でも、「自分とは……」「生きるとは……」というテーマについて、苦しみの中から、自分と向きあい、生まれた自分の言葉で、それは私には宝ものの値うちに思えて、愛おしく好きだ。遠くからの参加で、昨日までお互い全然知らない者どうしだったし、これからも二度と会えない関係かもしれないけれど、その子たちに精一杯のエールを送りたくて、別れるとき、思わず出た言葉は、「いい人生を……」だった。

これが私の人生なんだ

そして、こんな新しい素敵な出会いの楽しさを味わっているとき、ふと、私が今まで生きてきた道で出会った無数の人たちとの出会いの一つひとつも思い出されてきて、その人たちとの結びのつらなりが、今の自分だし、自分の人生なんだと思えてきた。そして、これからも豊かな結びがつらなっていく……。1年半、ゆっくり好きなことをしてエネルギーをためて、あたたかい先生やクラスの仲間に勇気づけられ、再登校して、自由なクラスの雰囲気に「学校はおもしろい。人間がおもしろい」と言った娘。出会いの楽しさ、素敵さ、おもしろさに気づかせてくれて、ありがとう。

娘はまた、「モモ」（ミヒャエル・エンデ作）となって、時間どろぼうに盗まれた時間を取り戻してくれ、私もゆったり生きると、人間らしい心が戻ってくる。

世間の価値観ではなく、子どもをありのままの対等な人間として尊重することもできるようになった。それは、子どもに接する母として、教師として、人間として、愛とともに一番大事なことではないかと思う。苦しい登校拒否を経て娘が思い出させてくれた「大事な忘れもの」は、単なる忘れものじゃなく、新たな「人生の宝もの」の発見じゃないかな。私の人生は、「宝もの」に気づいて生まれ変わった感じがする。

それからのこと

娘は、小学5年で再登校した後、中学、高校、短大と、新しい壁にぶちあたっては、一旦休憩し、エネルギーをためて再出発を繰り返したが、そのたびにたくましくなっていった。理解ある先生や学校に出会い、仲間たちに支えられた。今は、おかげさまで社会人となり、仕事をしている。

親や教師がつながり始めたばかりの京都では、1997年11月23日の「第1回きょうと・不登校の子をもつ親と教職員の集い」に続き、1998年に「第3回登校拒否・不登校問題　全国のつどいin京都」を開催。親たちが主体的に動き始め、数々のドラマが生まれた。その後、そのつながりを確かなものにしようと、「登校拒否・不登校を考える京都連絡会」を結成。2008年には「第13回全国のつどいin京都」を開催し、今また、2020年「第25回全国のつどいin京都・宮津」にむけて動き出している。

登校拒否の子どもたちが運んでくれる「大事な忘れもの」の箱の中には、また、新たな「出会いと気づきの宝もの」が詰まっていることだろう。

孫の不登校を経験して——涙を越えて

◆全国のつどいにつながって◆

河野ひろ子（愛知）

障害を持つ子どもたちの学園で学んだこと

私が、「登校拒否・不登校」のことを考え始めたのは、かなり前のことになります。私は、1971年から38年間、障害幼児の通園施設で保育士をしていました。そこの同僚のお子さんや園児の兄弟たちが学校に行けなくなって相談を受けたことが初めだったように思います。

そんな中でカウンセリングや内観療法に出会いました。まだ「全国のつどい」はなかった頃のことですが、こうした療法と「全国のつどい」が大きく異なることは人と人とがつながり、支え合う中でその人自身が立ち直ってくることではないかと思います。当時の私は悩む方を前にして、何か参考になることを言ってあげねばならないと思うばかりで、話を傾聴するということが真にはできていなかったように思います。人生の経験も浅く、悩む方を前にすると空っぽな自分を意識するばかりでした。

その頃は保育士としても未熟で、どうしてこの職業を選んだんだろうと思うことが多かったです。そんな私でしたが、障害を持つ子どもたちとその親たちは私を温かく受け入れてくれました。ゆっくりではあるけれど成長してくる子どもたちに「伸びない子どもや変わらない子どもはいないこと」を教えられました。また、我が子の障害に打ちひしがれてこの通園施設の門をくぐった母親たちが、同じ悩みを持つ仲間の存在を知り、自分らしさを取り戻してくる姿を通して、人間の持つすばらしさを感じることができたことは、私にとって何にも代えがたい大きな財産となりました。必ず自分で立ち直ってくると信じることができたことは、その後の私を揺るぎないものにしてくれました。そんなことから、悩むお母さん方に「大丈夫！　いつかきっと立ち上がる時が来るから」「いつでも手を差し伸べる準備だけはしておきながら、子どもの力を信じて待っていよう」と励ますことができました。

学童保育所指導員「のび太くん」の話

私は働きながら四人の子どもを育てました。幼児期は保育園に預けながらでしたが、学童期は先輩たちと一緒に立ち上げた学童保育所で放課後を見守ってもらいました。福祉系の大学の学生さんをアルバイトで雇うことが続き、父母会を代表して面接をしたことがあるのですが、なかなか応募者がいなくて困っていたところに「のび太」くんがやってきました。第一印象が暗い感じで、正直言って雇うことを躊躇したのですが、前任者の学生の都合もあり、「のび太」くんを採用することにしたのです。始まってみて驚きました。手作りの遊具を作ったり、身近な題材でかるたを作ったり、父母向けに通信を定期発行してくれたりと、安心して任せられる指導員さんだったわけです。

ある時私は、「のび太」くんと二人になり、いろいろな話をする機会がありました。彼は「小学校は行ったり行かなかったり、中学校は入学式だけ、高校は通信制の学校でした」と話し始めたのです。私は思わず「学校に行かないあなたを前にして、お母さんはどうしてみえたの？」と尋ねました。「母は毎日祈っていました」と彼は言いました。「ほとんど学校に行かなった『のび太』くんが今の大学に来れたのはどうして？」とも尋ねました。「母の通う教会に行ったことがきっかけで、いろいろ模索し始めて受験することにしたのです」とのことでした。しばらく話が続いた後、彼が言ったことを私は生涯忘れることができません。「僕をそのままにしておいてくれた母に感謝しています」。

大学を卒業した「のび太」くんは、郷里に帰り施設の指導員として働き、教会で知り合った女性と結婚して、子どもが生まれたと聞いています。私にとって「のび太」くんとの出会いは大きく、その後の相談活動でも大きな励ましとなりました。

孫の不登校

そんな私でしたが、孫六人のうち一人が、小1の時に学校に行けなくなりました。その子が一番苦しそうだった小1の頃、娘夫婦も苦しみ、そんなみんなを見ていると私も苦しく、道すがらランドセルを背負って登下校する子どもたちを見ると涙が浮かぶ有様でした。それから2年ののち、名古屋で開かれた「愛知のつどい」に娘と参加し、夏の「全国のつどいin滋賀」に行ってみたいと思うに至ったのです。参加して本当によかったです。

全国のつどいとの出会い

幕開けは地元の不登校を経験した若者三人による演奏とパフォーマンスでした。彼らの歌とメッセージは、私の心を打ち、さまざまな思いがこみ上げてきました。孫もいつかこうして自分らしさを取り戻せる日が来てほしい、果たしてそういう日が来るのだろうかなどと不安にもなりながら、次から次へと流れる涙を拭きながら聴きました。

初めて参加した「全国のつどい」はこうして始まりました。分科会では真剣に話を聴いてくれるだけでなく、共感し、優しいまなざしを向けてくれる多くの方々の存在に、今まで参加した研修会では味わったことの無い温かい雰囲気を感じたのです。つどいの場だけでなく、終わってからもお便りをくださったり、冊子を送って下さったりと親切にしていただきました。

そんな温かい「全国のつどい」をその翌年、愛知で引き受けることになり、みなさんともう一度再会したい、少しでも前の年のお返しができたら、と願って、微力ながら実行委員会の一員になりました。

「一生もの」と言われる「全国のつどい」、人間はいかに生きるべきかを考えさせてくれる場でもあります。

そして、今

孫は今中学2年生です。6年間の小学校生活は、孫にとってどのように心に残っているのでしょうか。言葉にしないのでわかりませんが、「つどい」で多くの方に励ましていただいたように、エネルギーを貯める時間であったことは確かです。最後までフルに過ごしたのは6年の運動会と卒業式だけでしたが、中学校に入学と同時に、ごく普通に何事もなかったかのように通い始めました。緊張の余り顔をこわばらせたり、目をパチパチさせ、大人の言動に敏感だった孫。今も苦手なことは多々ありますが、落ち着いた生活を送っています。

なかなか孫に寄り添って下さる先生と出逢えませんでしたが、教頭先生が心を砕いてくださいました。また、6年になってからの特別支援学級の先生の存在も大きかったです。お二人の先生は孫によく声をかけて下さり、励まし、支え、本人の納得の上で、少しずつ前へ進み、決して無理強いしませんでした。

孫の両親である娘夫婦もよく耐えたと思います。親のしんどい気持ちを聴いてくださった孫の弟の担任の先生、愛知生活指導教育研究会の先生に感謝します。娘たちは、そういう中で孫を見守ることができたと思います。

祖母である私は「つどい」で経験したことが大きな財産となっています。つどいに参加したお蔭で、焦りたくなる気持ちを抑え、孫の両親と孫を静かに見守ることができました。

帰っていける場所——まちがってもいいんだよと受けとめてやりたい

◆全国のつどいにつながって◆

八木よしえ（高知）

息子の登校拒否

公立進学校に入学して、中学に引き続き吹奏楽部に入部していた息子が、学校に行き渋りをはじめたのは高校1年生の9月初めのことでした。夏休みの宿題が膨大で、クラブに毎日通っていた息子は宿題を完成できなかったのです。先生方の最後までやらないといけないという叱咤激励のもと、中学時代は8月31日に徹夜で完成させるということを繰り返していた息子は、学校を休んで宿題をする羽目になりました。

そのあたりから学校に対する違和感が彼の中に芽生えていたのだと思います。クラブは楽しいが学校の授業は苦しいという状態で来ていたのが、3学期の期末テストの最中に息子の体が学校を拒否しました。夜中にトイレで吐いている息子を見ても、私は叱咤激励をして学校に行かせました。どうにか進級をし、春休みが明けて5月に定期演奏会が済んでから、息子は学校に行けなくなりました。それから息子の不登校が始まりました。

小さいころから本当に手のかからない息子でした。生真面目な性格で小学校中学校と病気以外は無遅刻無欠席でした。不登校をしているときも家にいてパソコンをつつき、家事を手伝ってくれ、家族とも普通に会話をしていました。妹の世話をしっかりしてくれる、頼りになる息子でした。

今思えば、初めての子育てと夫の単身赴任で私自身が疲れ切って、子どもにゆとりを持って接してやれなかったなあと思います。子ども時代をゆったりと過ごさせてやっていない、間違ってもいいんだよとおおらかに受け止めてやらなかった。今から思えば、早く大人になれと強いていたような私の子育てに文句も言わずよくついてきてくれていたのだなあと思います。学校でも家でも叱咤激励されてもう無理という息子の精一杯の自己主張が、不登校、それからの引きこもり生活へと続いていったのだと思います。

親として教師として

私と「つどい」のなれそめは、勤務していた私立の高校で不登校生の受け入れプログラムを作るということになり、どのような思いで保護者の皆さんが「つどい」に参加されているのかを知りたくて、出張手当をもらって仕事として参加したのが始まりでした。

ちょうど息子が高校1年生の夏休みのことでした。息子が不登校を始めた高校2年生の春、私は職場では不登校を経験した一二人の生徒を含む三十数人の高校1年生の担任になり、家では不登校の息子を持つ母となりました。学校始まって以来の新しいプログラムを実行するというので、どのような結果になるか全校教員がその成否を見ている中、失敗は許されないという気持ちを持って、肩に力の入った新学期だったと思います。各地の経験に基づき、毎月不登校経験者の生徒の保護者と親の会を開き、不登校から復帰したとはいえ不安定な気持ちで登校する子どもを持つ不安いっぱいの保護者の皆さんの気持ちを話してもらい、一緒に生徒たちを支えようという取り組みをしました。

そんな保護者の皆さんの前で司会をしながら「人の子をかまっている場合か」「人に偉そうにいえるのか」などという声が他人に言われるのではなく、自分の中から聞こえてきました。

「全国のつどい」につながって

そんな苦しい毎日を過ごしていた時に「つどい」の実行委員会が大阪であるとの連絡がきました。わらにもすがるように大阪に行ったのが6月のことでした。その前の年に48歳で運転免許を取得し、車で息子と大阪の「つどい」に行くぞと思いましたが、息子には断わられ、ひとりで飛行機に乗って参加しました。翌年、宮崎での「つどい」もひとりで参加しました。

その次の京都での「つどい」の第1回目の実行委員会の時、滞在していた京都に住む姉の体調が崩れ入院しました。週末に姉の家に通う生活が6月から始まりました。土曜日の早朝家を出て、夜遅く高知に帰り、日曜は体を休めて、月曜日には仕事という生活が、車の免許を取っていた当時20歳の息子のおかげで可能になりました。片道360キロの道のりを、行きは私が、帰りは息子が運転して毎週通いました。片道約4時間半の道中、二人だけの密室で、息子と殆ど話すことはありません。ただ、「お母さんは無駄にとばす」「ライト点いてる、消さなあかん」「アクセルの使い方が下手」と初心者のくせに私に文句を言う息子にむかつきながら、しかし、ついて来てくれることがありがたいとは思いましたので、おとなしく聞いている私でした。今年は一緒に行けるかもと思い、「京都のつどいにいかへんか」と聞きましたが、「いや」と言われまたがっくりしました。

7月の終わりの実行委員会には、ひとりバスで京都に行きました。そして、みんなに今年も息子と来れそうにないと愚痴ったものでした。しかし8月になって息子が「お母さんひとりで車で行かせるのは危ない」と言い出し、「僕も一緒に行って、おばちゃんの家でお母さんが会に出ている間待っとくわ」と言いました。そうしようと決めていたら、姉から自分の寝たきりの状態では息子の面倒は見れないと言われました。そのことを息子に話すと、「お母さんの泊まるホテルに泊まってもいい」と言いました。よその人と相部屋かもしれんと言うと、さすがに躊躇していました。現地実行委員会の配慮で同室にしてもらい、息子には、「つどい」の間は自由行動してきたらとすすめて当日が来ました。

1日目は夕食まで付近のお寺や大学に行き、息子は夕食から合流しました。二人だけでどこかへ泊るのも初めてのことでしたが、並んで夕食を食べていると周りの方たちが息子に話しかけて下さったり、ビールを勧めて下さったり。息子もまんざらではなく結構楽しんでいたようでした。小さいころから私の仕事関係の全国大会に連れて出ていたので慣れていたのでしょうか、大人数の会場にもあまり嫌がらず溶け込んでいたのには私のほうがびっくりしました。

2日目は行くところがなかったのか「つどい」の休憩できるスペースで過ごしたということでした。「つどい」の最中に別の会場への移動中、知り合いの大阪のお母さんと一緒になりました。息子のことを気に掛けてくれ、自分の息子さんと引き合わせてくれて、つどいに参加している子どもたちのための「ひろば」に連れて行ってくれました。その方に「お母さんは来たらいかん」と言われ、会場の入り口でうろうろしていると、「今、息子さんは子どもたちと遊んでいるから大丈夫」と言われました。

学校に行かなくなってから買い物をするくらいで、肉親と二、三人の友だち以外の人と接することがなかったのに、急にいっぱいの人たちにお世話になって関われている息子が信じられませんでした。知り合いの人たちが「あなたにこんな立派な息子さんがいたの」と口々に言って下さり、気を配って息子に聞かせて下さっているのだと、ありがたさでいっぱいになりました。帰りの車の中で、小さい子どもたちとうまくやれたかと私が聞くと、「お母さん、あのな、子どもは一緒に遊んだらええねんで」と言い、楽しそうに笑っていました。へえ、この子が小さい子と遊ぶんかと不思議な気がしました。よく考えてみれば、学童保育で育った息子ですからそんなことはいつもやっていたことなのでしょう。しかし、今まで家にいたのにすごいことをやったなと私は思いました。

動き出した息子

翌々年の埼玉の「つどい」から二人で参加するようになりました。息子の携帯に「つどい」で知り合った青年から「今年も会えるね」とメールが来て、夫が全国に友だちができているのかと驚いていました。

そのころ、息子はあるきっかけで地元の青年たちと結びつきができました。その後の彼の変化は目覚ましいものでした。2歳下の娘が大学に進学して、家を離れると、息子は家の中でもよく話をするようになりました。娘が家にいるときは娘が中心になり、食卓の話は娘の学校の話で、みんなはその聞き役でした。私たち夫婦と息子の三人になると、週3、4回は晩御飯の用意を息子がしてくれました。私も夫も息子の手料理を前にその日あったことや世の中のことを話して過ごしました。息子は地元の青年たちと行き来をして話をすることが増えました。朝も私の出勤に合わせて起きてくるようになり、一緒に朝食を食べることも増えました。

そのうちに彼はパソコンで調べて塾を見つけてきて進学の準備を始めました。その塾で勉強以外のことも話せる先生に出会い、オープンキャンパスに参加したりして動き出した息子は、私のはやる気持ち（！）を見越したように「今年はまだ高知にいるから」と言いました。先回りをして釘を刺されました。

それから数年間家で過ごし、息子は25歳で京都で鍼灸を学ぶ大学生になりました。大学の仲間と勉強会をしたり部活動をしたりして青春時代を楽しんでいると自分でも言っていた息子は、毎年の「つどい」にはスタッフとして「つどい」の様子を参加者に知らせる速報の係を本当に楽しそうにこなしています。

思い切って息子に聞いた

息子が28歳の時に私は思い切ってこう聞いてみました。

「何がきっかけで引きこもりをやめたの？」

私は想像でいろいろ考えていましたが、面と向かって聞くのは初めてでした。私は最初の1年は過干渉なぐらいいろいろつついて彼を動かそうとしました。しかし、その後はやりたいように放っておいたのがよかったのだ、満足いくまで引きこもらせてよかったのだと、息子の今を自分の手柄（?）のように思っておりました。ずっと彼が自分で考えたのだな、よかったよかったという気持ちでおりました。また周りの人たちのおかげ、とくに「つどい」に参加することで居場所を得て外に出てきたのだと思っておりました。

しかし、息子は「お母さんが私たちの退職までに働かないといつまでも養えないよと言っていたから、22歳で同級生が大学を卒業したころから自分も何とかせんといかんのだなど思いだした」というではありませんか。

「えっ、私がプレッシャーをかけてたわけ?」と、自分のやったことをすっかり忘れて、自分の対応がよかったと思っていた私はびっくりしました。プレッシャーをかけていたという私の姿を裏付ける夫の証言（?）も得られました。その年の「つどい」の分科会で、ある方が「私は自分の子どもが不憫で仕方がない。私が死んだらこの子はどうなるのだろうかと思う」と「不憫」という言葉で自分の気持ちを表現されました。私はその言葉にちょっと引っかかり、夫に不憫という言葉はこんな時に使うのだろうかと聞いてみました。そうしたら「あんたもそれに近いことを言っていたやない?　私らが仕事辞めるまでに働いてとあいつに向かって言ったから、僕はまたあんなこと言うてと思ったけど、まあええかと思って聞いていたよ」と言うではありませんか。満足いくまで引きこもりをさせていたのでなく、1年に1回ぐらい息子に働くようにプレッシャーをかけていたというのが、私のしてきたことだったのです。私は信じて任せて待ってはいなかったのですね。

「つどい」に出会ったから

私は自分と現在31歳の息子の14年間が「つどい」がなかったならどうなっていたのだろうかと思います。教員として自分の子どもが不登校になり周りに弱音を吐くことの出来ない状態の私を丸ごと受けとめてくれた実行委員会の方々、そして、息子が、ありのままの姿で参加して受けとめられた心地よさで少しずつこわばった心も開いていくきっかけになった「つどい」。少なくとも私は「つどい」に出会わなかったら、いつまでも自分の育て方のせいで息子が不登校になった、学校が悪いからこうなったとひとりで抱え込んで悶々と考えて先が見えなくなっていたのではないだろうかと思います。

1年に一度「つどい」に参加していろいろな方の意見に触発されて自分の中で考え、息子との接し方を模索してここまで来れたことを、私は、長かったけれど決して無駄な道のりではなかったと思っています。この経験がなかったら息子や周りの人たちとの関係の作り方も変わっていたのではないかと思います。

息子は社会に足を踏み出しても、いまだに苦しいことも多いと思います。それでも帰っていく場所があり、弱音を出せる、話し合える人たちのいる環境が、もし、私がいなくなっても彼の周りにあるという事が私の心の支えになっていることは確かです。

つどいの前と後――過去と向き合うきっかけ

◆全国のつどいにつながって◆

藤原　明（岩手）

参加理由に変化

何も知らない、不登校、登校拒否の経験もない私が、実行委員会からつどいまで、皆さんと一緒に過ごさせていただきました。大半の時間を割く自己紹介に驚き、語られるその内容にまた驚きながら、いつの間にか私自身も回を重ねるごとに少しずつ自分のことが話せるようになりました。最後の実行委員会まで、「何かお手伝い」という頭でいましたが、「せっかく参加するなら、分科会にどっぷり浸かって、いろんなものを感じたほうがいい」と言われ、そういうものもいいかな……と。

つどいの取り組みで一番印象に残っているのは、やはり分科会です。踏み込んだお話を聴いたとき、ＢＢＳ（Big Brothers and Sisters Movement）の学びのために参加した自分の考えに違和感を感じ始めました。

自己紹介は、初めて参加する活動には欠かせないもの。どんな思いで参加したのか、その場にいる方はお互いに知りたいわけですが、自分の勉強しにきたという理由に、何か引っかかるものを感じました。このつどいは、勉強や良い経験をするためというより、ずっと内に秘めていたさまざまな思いを話し、心を通わせて聴き合うことで、重い荷物をひとつでも下ろす場所。「出るからには、分科会だけでもどっぷり浸かって、いろんなものを感じたほうがいい」というアドバイスは、自分のためにもあるのではないかという気がしてきました。第12分科会「非行との関わり」の方たちの思いに触れたからこそ、感じられたことではないかと今でも思っています。

荷物を降ろして帰る

私は、以前から自己紹介が大の苦手でした。単純に自分のことを話せなかったからです。自分の番がまわってくると押し寄せる抵抗感と緊張感。話すより聞き役をずっとやってきた自分ですが、実行委員会で自己紹介する度に過去を振り返り、自分の言葉で話すことを繰り返すことで、今まで怖くて見ようとしなかった部分までいつの間にか引き出されるようになり、無理に思い出すのではなく、自然に向き合えるようになっていました。

私は小学校入学前から高校までの12年間以上、いじめを受け続けてきました。何かを貸したら返ってこない、良い成績を取ると試験中に答えを教えろと暴力を振るわれたり無視されたりしたので、うれしくても顔に出さず、答えがわかっていても答えない。意見を言っても流されて聞いてもらえないので、自分の意見は持たないようにしました。

毎日いじめられ、家を出ようとすると、今日は何をされるかと怖くなって、食べたものを吐いて、空腹の状態で学校に通いました。何度も首を絞められたことから、首に触れるものをつけても吐き気をもよおすことがあり、襟のある服やマフラー等など首にかかる服を着られなくなりました。

相手の反応が怖くて、感情を表すことができず、周りに神経を遣い、うれしいことがあっても表に出さず、悲しいことがあっても表情を崩さず、喜びや悲しみを分かち合いたくても、常にひとり離れた場所で感情をかみ締めていました。喜怒哀楽のほとんどが封印に近い状態です。目立つことを嫌い、怒られることを避け、争いが起こらないように動くことが当たり前のようになっていました。

人間関係では、協力すれば効率よくできるようなことも、人を信じられず、誰にも任せられず、自分一人で背負ってしまいます。目立つようなことはしたくないので、役職は避け、指示を出すような立場にはならないようにし、言われたことをやるようにして自分から動くということを避けていました。

集団も苦手で、一人で離れたところから様子を見ていました。プライベートな関係も、一定の距離からは関係を進められません。好きな人がいても、何でも話し合えると思った友だちでも、本音はもう一歩進んだ関係になりたいのに、無意識のうちに拒み、相手が入れないようにするか、私から離れるようにしてしまいます。

これらを、友だちはもちろん、両親にでさえ、全く話すことはできませんでした。友だちだと思っていても、いつ裏切られるかわからないので、本心を話せませんでした。人を、その人と周りとの関係を見るようになっていました。とても、つらかったです。そんな思いを私も語ることができたのです。

一見、話しているだけで先に進まず足踏みに見えるようなときも、本人は大変つらい思いをしながら話しているわけで、その思いに共感することで、引き出されるように話が続く、そんな場でした。私も、「食べたものを吐く」ことについて、あれほど辛い心境を話したことはありませんでした。話す側は、一緒に聴いて共感できる仲間がいるだけで十分、安心感を持ち、癒されるのかもしれません。「つどいで重い荷物を降ろして帰る」とは、こういうことを指すんだと気づかされました。

一人ではないということ

この会場まで来るだけでも、大変な勇気が必要だった方もいたはずです。

このことを考えると、地元の「ポランの広場」で今まで出会った若者たちと過ごした時間、これ自体が、分科会までつながっていたのかもしれません。そして、このような場所に来ることができた、いることができたことが私の得たものかもしれません。

また、つどいの実行委員会からの流れのなかで、私は今まで封印してきた感情を少しずつ解き始めていました。ただ、今まで抑えていた分、反動のようなもので感情の起伏が激しく、逆にコントロールすることが大変でした。一方で、人を信じてもいいかなという方向へも動き始めていました。同じ分科会の方とのメールのやりとりで「人を信じ始めている言葉」「人間って結構いいなと感じ始めている気がする」という返事がきたことで、はっきり意識しはじめていることに気づきました。分科会の最後に近づいた頃は、もう、本当に涙があふれそうになっていました。

実行委員会からこの時間までのことが一気に思い出されていたときに、私の話を話題にしてくださったことが心に響いていました。焼身自殺事件の話題で、遺書にいじめがあったことに触れてその辛さを考えさせられたときには、もう、心が張り裂けそうになっていました。

非行は、登校拒否・不登校、引きこもりとともに、取り組みづらいことから遠回しにされやすい話題ですが、それでもここまで心を寄せ合って、語り合う人たち。第12分科会のみなさんと出会い、私の一番奥でガチガチに固まっていたものがほぐされました。

実行委員会から出続けたことで、みなさんのつどいへの思いも受け取りました。そして、一人ではないということを実感できたからこそ、ここまで気持ちが高まったんだと思います。

まだ出られるかどうかわかりませんが、来年の今頃が、ちょっとだけ楽しみになりました。時間がなくて会えなかった方もいますが、会いたいという気持ちを大切にしたいと思います。

つどいに絡んでいれば、いずれ会えるような気がしますし、いろんな出会いがあることもわかりました。2日間を思い出すだけで、気持ちが暖かくなる気がします。つどいに出ることで、ひとりでも多くの方が、こんな気持ちになれればいいなと思います。

最後に、つどいまでの間に出会った、たくさんの方々に感謝します。みなさんがいなければ、つどいまでたどり着けなかったのですから。

忘れられない2日間になりました。本当にありがとうございました。

◆全国のつどいにつながって◆

向き合うことから逃げていたわたし――娘の本当の気持ち

川原　早苗（長崎）

叱ったり励ましたり

私には5歳違いの娘と息子がいます。

娘は中学1年生の1月から突然教室に入れなくなり、別室登校をするようになりました。突然と言っても、今思うと兆候は中学に入る前からあったと思います。

当時は何もわかっていない母親で、学校に行けないとぐずぐずしている娘を厳しく叱ったり、それでも動けないとわかるとやたらと励ましたりの繰り返しでした。私が、そんな状態なので娘も「わかったふりして、わかったように言うな」とか「お母さんとは違う！　一緒にするな」とか強い言葉で攻撃してきました。そんな時は「そんなこと言われたら、お母さんだって人間なんだから傷つくのよ」とよく言っていました。でもそのころはまだ、私以上に娘が悩み傷ついていたことに全く気付いてやることができていませんでした。

娘の不登校から、1年半ほどして当時小学4年生の息子も不登校になりました。

4年生になった頃から登校を渋るようになり、遅れながらも私と二人、息子の好きな漫画の話や変な物まねをしたりして、なるだけ気分を上げるようにして歩いて登校しました。学校からも車じゃなく歩いて登校することで行けるようになるんじゃないかと言われ、私の中にも息子は何とか学校に行けるようになるんじゃないかという期待があったからです。

佐世保でのつどいづくりに参加して

子どもたちがどうして学校へ行けなくなったのか、何を考えているのかわからなくて、少しでも理解できたらと思い、講演会や親の会など手当たり次第に出かけた時期もありました。そんな中で、たくさんの方々と出会いました。親身に相談にのってくださる方、同じ悩み抱えながら一歩先を行かれているお母さんなど、たくさんの方のアドバイスを受けながら親子で向き合い、少しずつ前に進んできました。自分では、子どもたちのことを少しは理解でき、いい親子関係になってきたんじゃないかと思っていました。

２０１１年「登校拒否・不登校問題全国のつどいin長崎」に初めて実行委員会から参加して1年がたち、終わった時には家庭の中が変化していました。子どもたちの表情が明るくなり、家の中でリラックスして笑い声も多くなっていたのです。これまで子どもたちのことを理解しているつもりになっていたけれど、実はまだまだだったこと。つどいづくりに参加して、私自身がありのままの自分が受け容れられる中で、ありのままの子どもたちを受け容れられるようになってきていたんだということに気づいたのです。

そのようにたくさん気づきがある「つどい」にまた参加したいとは思っていましたが、家族を家に置いて奈良の「つどい」に参加する決心がなかなかつかずにいました。でも、フリースペースふきのとうのYさんに何度も誘っていただき、娘も「行きたい」と言ってくれたことで、やっと決心がつき、娘と二人で参加しました。

そして、「つどい」に参加して「やっぱりつどいってすごいね！　来てよかったね」というのが私たち親子の感想でした。娘と二人だけでの泊りがけの旅行は初めてで、親子でよく話はしてはいましたが、家を離れて二人で泊まることで今まで以上に話ができたと思います。

初めて話したいじめのこと

私は、今回つどいに参加すると決めてからずっと気になっていたことを分科会で話してみようと考えていました。それは娘が不登校になるきっかけになることでした。

娘は、小学生の頃からずっと同じクラスの友だちがいました。休みの日でも一緒に遊ぶくらいだったので、私は仲がいいものだとばかり思っていました。でも、実は一緒に遊んでいて突然仲間外れにされたり、嫌なことをみんなの前で言われたりとても傷つけられていたようで、とうとう限界になって学校に行けなくなったのでした。

その後、その子に絶対に会わないように学校側も配慮して下さり、特別室に通えるようになりましたが、8年たった今でも、娘の前でその子の名前を出すことができません。名前を出すだけで顔色が変わり、パニックのようになるからです。私が娘から聞けた話はほんの一部だと思います。

今思えば、これはいじめだったと思うのですが、当時の私は自分の娘がいじめを受けているなどと思うことができませんでした。それは、いじめられる子にも何かしらの原因があったり、弱い子だったりするという偏見があり、自分の子はそんな子どもではないと思いたくて、現実を受け入れられなかったからです。それに、家でその子のことを悪く言うのも許せず、「友だちのことを悪く言うもんじゃない」と突っぱねて聴こうともしませんでした。娘には私の理想とする優しい素直な子どもでいてほしかったのです。だから、聴く耳を持たず、そのことには蓋をして「あなたの性格や育った環境で不登校になったのよ。友だちのせいじゃないよ」と娘にずっと言ってきました。

こんなことを言われて娘が私に本当のことを吐き出せるはずがありません。本当に娘には酷いことをしていたと思います。

きつかったね。ごめんね

それでも、娘はよく頑張ってくれました。地元佐世保のフリースペースふきのとうで毎年開催されている「子どもサミット」に2年連続で出させていただき、自分の体験を話すうちにだんだんと気持ちの整理ができてきたようです。私も、娘の辛かった気持ちを聴くことで、聴く耳を持てるようになりました。そうするとぽつぽつと小学校の頃からされていたことを話すようになりました。聴くうちに、こんなに辛かったことを話も聞かずに我慢させていたことに気がつき「きつかったね。ごめんね」とやっと娘に言えたのは、佐世保での「つどい」の後でした。

今、いじめの事件が次から次にニュースが報じられるたびに、娘が不登校になってくれたおかげで、こうして今でも元気に過ごすことができているんじゃないかと心から思います。

つどいの分科会でこのことを話すことができ、自分の中に封じ込めていたものが少し整理ができました。そして、このことについて娘とじっくり話すこともできました。娘が「わたしのもいじめだったんだよね?」と言ったので、「そうだったね」とやっと認めてやることができました。

全国のつどいに参加することで我が家にまた新しい風が吹き抜けました。つどいに出会えたことを本当に感謝しています。

一緒に参加しようと何度も声をかけてくださったフリースペースふきのとうのYさん、つどい会場で私の話を聴いてくださったみなさん、本当にありがとうございました。

◆全国のつどいにつながって◆

私たちは民主主義の大地を耕している
——親どうしの育ちあいと、教員や相談員との連携の中で

松居　公子（大阪）

わが子が学校へ行けなくなった時

わが子が学校へ行けなくなった時、親はあわて、おどろく。このままでは今の世の中でまともに生きていけないだろうと不安になる。日夜苦しみ、「この子さえいなければ」と思いつめる。眠れぬ夜をかさね、心身ともに疲れる。近所の子が制服を着て登校する姿に涙ぐみ、朝が来なければいいと思う。すがるような思いで専門機関を訪ね、そこでは多くの場合、これまでの家庭の子育ての問題点を指摘されたり批判されたりし、親が変わらなければ子どもは立ち直れないと言われ、時には母親のみが責められ、ますます落ち込んでしまう。専門家による指導内容が正しくても、親としてすっかり自信を失った状態では、言われたことを実行するのは困難だ。

私たちは縁あって、大阪教職員組合・大阪教育文化センターの「親と子の教育相談室」につながった。ここでは子どもの成育歴などもあたたかく聞いてもらえ、親の苦しい思いも分かってもらえてほっとした。回復への道すじも示され、前向きになれた。

同じ悩みを持つ者どうし話し合える場がほしい

しかし、教育相談を受けながらでも、親は不安で熟睡できぬ日が続く。登校拒否で苦しんでいるのは子どもだと言われても、親たちは自分の苦悩が先に立つ。同じ悩みを持つ者どうし話し合える場がほしいと、親たちは思っていた。親の願いと、その必要性を感じていた相談室からの呼びかけで、大阪の「登校拒否を克服する会」は発足した。以後、組合とセンターには物心両面で支えられてきた。成文化された会則はないが、

①登校拒否の子どもの回復を早く、確かなものに

②一人で悩む親をなくし、互いに励ましあい支えあい学びあう

③登校拒否がなくなるよう、教育の民主化に目を向け、教職員組合などと連携して運動をすすめる

という点で一致して、活動を続けてきた。

2か月に1回の割で大阪全体で学習交流会を持ち、合間の月は地域で交流会を持つ。大阪交流会では、「全体会」で講演や体験談を聞く。そのあと、「基礎講座」「特別講座」、学齢別の少人数の「ミニ交流会」などに分かれて話しあう。この会の案内の作成や発送、当日の運営や司会、内容を伝える連絡ニュースの作成などは、父母を中心に、相談員、教職員、支援者などからなる有志世話人が月一回程度の世話人会を持って協議して行う。一人ひとりの思いや願いを大切にして、気配りしあいながらお互いに対等平等に、自主的・民主的な運営を心がけている。

交流会の案内チラシは、毎回、次のようによびかける。

「悩んでいらっしゃるお父さん、お母さん、集まりましょう。／そして支えあいましょう。

わが子の成長を信じて、辛抱強く、子どもとともに悩み、歩みましょう。子どもが自分の力で、厚い冬の雪を押し破り、春の大地に芽吹く日は必ず来ます。
その日のために……」

父母たちの育ちあいが子どもの回復・成長に役立つ

近所でみな学校へ行っているのにうちの子だけが学校へ行けないで恥ずかしい。親しい友人でもそこの同年齢の子が元気に学校に行っているというだけでつらくてみじめで話したくない。心配して声をかけてくれる人がいても、正しく理解されていないために励ましのつもりの一言に深く傷つくこともあり、つい話すまいと思う。子どもの閉じこもりに歩調を合わせるように、親も心を閉ざしがちである。

交流会では、参加者が一堂に集うことにより、登校拒否で悩んでいる人が自分だけではないと実感でき、孤独感から開放されて落ちつける。「子どもを信じてまかせなさい」等と相談で指導され、頭で分かってもハラに落ちない、言われたようには体が動かない、しかし、親どうしで助言しあうとハラに落ち、心でわかる。

少人数のミニ交流会では、親が司会をし、相談員は助言者として、必要なとき以外は聞くに徹してくれる。「ここでは話したくない人は話さないで、聞いているだけでもいいのです。ここで話されたことは外へは持ち出さず、自分が受け取ったものだけをそれぞれが持ち帰りましょう。まとめや決定はしません」と前置きして始まり、一人ひとりが話す。同じ体験をしている者どうしなので、体裁など捨てて、親どうしのヨコの関係で心を開いてわが子の悩みを言語化することができる。言葉で表現することで自分のもつれた思いを整理でき、客観的に自分の状態を見つめることができる。カウンセラー・専門家との対話は基本的にタテの関係であり、甘えたり、頼ったりする側面が強い。親どうしの対等な関係での話し合いが、親たちの育ちあいの第一歩といえるだろう。

泣きながら話し、聞くほうも他人事とは思えず涙ぐむ。「その気持ちよく分かる。うちもそうだった」とうなずき、共感しあう。話した方は重たい荷物をその場に下ろして気持ちを軽くする。聞いた方も自分や自分の家庭を別の角度から見直すことができる。そしてどちらもゆったりした心をとりもどして家へ帰り、あたたかく子どもと接することができる。もっとも、一週間ともたないという声もあるが……。

こうして出会い、語り合った親どうし、次に会えば、「元気?」「子どもどうしてる?」と声を掛け合うだけでほっとする。日常的にやさしい人間関係が少なくなっているためか、特に人とのつながりを大切に思い、連帯感が育つ。そしてお互いの成長を援助しあっている。

父親の果たす役割も大きい。子どもが登校拒否になったお母さんたちからその子の父である夫への不満はつきない。不本意ながらも仕事が忙しくて子どもにかかわれない父親も多い。父親が子育てにかかわることは、現在の日本の社会では、子どもを、家庭を、さらに自らの人間らしい生活をとりもどすための人間宣言の戦いともいえる。交流会の「特別講座」の一環で「父親交流会」が好評で、うちのお父さん、なんとか変わってほしい、とお母さんがさそってくるところもある。結婚以来はじめて二人で出かけたのが、この交流会だったという夫婦もある。お父さんどうしのあたらしい付き合いも始まっている。

わが子の登校拒否からの立ち直りを家族ぐるみで援助しながら、気がついてみたら子どもが親や家庭を成長させていた、こんな話を聞くと、今はしんどいけれど、やりがいのあるしんどさなのだろうと思えるようになってくる。

学びを力にし、視野をひろげ、展望を持つ——全国の仲間とつながって

交流会では、一緒に講演を聞き、学習することで、登校拒否は現在の日本の学校や社会のあり方を背景にして起こっていることを知る。そして、自分も今の社会のあり方にまきこまれて子どもを追いつめていたのだと気づき、子どもを否定的に見たり、自分だけを責めていた状態から抜け出し、自分を振り返るゆとりを持つ。

そのことで、少々気が楽になり、職場や地域で理解してもらおうと努力する勇気もわいてくる。

初期の交流会では、親から学校や先生への批判が始まるときりがなかった。交流会に参加してくる教師たちの前で、学校に頼りたい思いをもつ親たちは、学校への不満をそのまま声にした。

しかし変化も出てきた。親と子の教育相談室が発行したパンフレット『登校拒否を克服する道すじ』は親にも教師にも学びになった。交流会に親が先生を誘ってくることもある。先生から聞いてやってくる親もいる。学校現場の厳しい状況、制度の下で、子も親も、そして先生もしんどい思いをしている。登校拒否の根本原因を理解した結果として、「わが子もふくめてどの子も生き生きとして、毎日行きたくなる学校であってほしい」と願い、この願いを実現するためには教育の民主化

が必要であるとわかり、先生と親が手をつないでこそ、すべての子どもたちが健やかに育つことを、わが子の登校拒否からの回復を願って考え行動しながら、肌で感じている。

もともと教職員組合を生みの親、育ての親ともしてきたこの会にとっては、先生と親が連携できるはずだった。教職員組合の教育研究集会に参加し、熱心にこの問題にとりくむ先生の姿をみたり聞いたりして親の立場から発言やレポートを出すようになり、全国の親の会の仲間ともつながりが広がった。登校拒否・不登校問題全国連絡会ができてからは、事務局の仕事も引き受けている。

対等・平等な人間関係が大切

親、教員、相談員や専門家、それぞれの専門性や、立場の違いは尊重しあいながら、登校拒否の子どもをまんなかに手をつないで登校拒否克服の道を歩んでいきたいと思う。この道行きで大切な条件は、それぞれの関係が対等・平等であることだと思う。必要な援助はするが請け負わない、意見は述べるが、引き回さない、引き回されないことだろうと思われる。親の持つ未熟さを育つまで根気強く見守ってくださっている方々の存在をありがたく感じている。このことは会の運営を進める上でも鍵となっている。

自主的・主体的に、私がやりたいから関わる

親たちは、同じ悩みを持つ者どうしの、自分の弱点もさらけ出したつきあいで、心を癒しあう仲間がいることをうれしく思っている。つらく苦しいこと、格好悪いこと、弱音も弱みも何でも、気

負わないで安心して自分を丸ごと出せる場である。そして自らの要求として、会の活動に参加している。

登校拒否の子どもの心によりそおうと努力し、学んだことが、会を運営する大人たちの関係にもそのまま生かされている。一人ひとりの人格を大切に思いやり、おたがいに信じてまかせて待ちながら。それぞれの人が自主的に、主体的に関わっている。誰かから指示されたり、たのまれたりしてやるのでなく、自分のために、自己実現を願って、「私がやりたいから続ける」。大人である自分が、まだまだ自立への課題を残していることに気づき、自立への戦いを共有する仲間同士として楽しく行動している。

ここには真の民主主義がある

「ここには真の民主主義があるわ。みんなが自由に、対等に意見を言い合い、みんなで決めてやっているもの」と、世話人として運営にかかわり始めたお母さんが言ってくれた。

特定の個人や団体の指示にしたがうわけではない、上意下達もない、何でも言い合い、聞きあい、智恵を出し合って決め、決めたことは分担してやりきり、評価しあう。子どものことや家庭のこと、みんな何か抱えている。体調を崩したり、気分がめいったりでしんどくなった時は一休みしながら、お互いに助け合って進んでいる。

組合などの組織活動を経験した人にとってはまどろっこしいようなやり方である。でもあるお父さんは「娘の登校拒否に出会って、会の運営にかかわりながら、自分自身を見つめなおした。真の民主主義者たらんと欲して職場や地域で活動してきたが、自分の中に独裁者のような感性があることに愕然とした」と語られた。慣れを戒め初心を忘れないように、できることからぼちぼちやろうよ、を合言葉に、私たちは、日本の民主主義の大地のどこかをたがやしているのだと信じている。

子どもらとともに主権者として育つ

多くの例が示すように、子どもたちは登校拒否を経て一段とたくましく成長していく。子どもらは、あったかくて安心できる学校、ゆったりと自立を支えられる家庭を求めている。未来に希望の持てる社会をつくろうと訴えているように思われる。このような子どもらとつきあいながら、親たちはわが子のことで苦悩し、泣きながらも、ことの本質を見据えて「もう怖いものはない」と生き方を変え、誰がなんと言おうと自分の思いをつらぬける強さを身につけてきた。子どもらの登校拒否を通じての呼びかけにこたえて、ゆっくりと、大人たち自らが、主権者として育ちなおしをしつつあるといえるのではないだろうか。

ひとりの親として、子どもが学校へ行けない時期があったことはつらい。しかし、現実はそのままうけいれて、子どもとともに確かな一歩をふみだしたい、と念じて歩いてきた。

子どもたちが育ててくれた大人たちの仲間とともに。

さらに広範な、子どものしあわせをねがう人たちとともに。

日本の未来を担う子どもたちすべてがすこやかにたくましく育つように。

つどいの魅力

鎌田　ユリ（滋賀・ＳＳＷ・元高校教員）

第24回全国のつどいが、２０１９年8月31日、9月1日、佐世保で開催されました。開催日前日までの九州北部をおそった豪雨の影響で、飛行機もＪＲも動かず、やむを得ずキャンセルした人も多く、実参加者は三九九人でした。全国のつどいの第1回が大阪で開かれたのは24年前、そのときには、先の見通しなどなく、ただただ集まりたい、という気持ちで開催されました。開催の母体もなく、我が子の登校拒否におろおろしている母親たちと、その支援にあたっている相談関係者の、必死の思いのみで開かれたのです。それから24年、現在に至っています。

このあつまりは、ほかのいろんな研究集会と大きく違います。それは、先に書いたように開催母体がないということです。組合であったり、研究会であったり、多くの集会は母体があります。母体があるので、専従の人がいたり、各地域の支部的な存在があったりします。しかし、この「つどい」は、そういうものをもっていません。では、なぜ、毎年開催が可能になっているのか？　それは、お母さんたちの思いがあるからとしかいえないのです。思いをもつお母さんたちが全国のあちこちにいて、次はうちの県でつどいを開きたい、と声をあげるのです。それは自分たちがしんどいからというより、しんどい思いをしているひとが、地域にもっといるはずだから、近くでこんなつどいがあれば、参加しやすいだろう、という思いでもあります。むしろそのほうが強いかもしれません。1年前であったり2年前であったりしますが、全国世話人会というゆるやかな会で、開催地を決めることになります。

決まったら、2月ごろから月1回のペースで実行委員会が開かれます。現地で、です。そこに、全国から世話人が参加するのです。自費で。そうです、そこもいろんな研究集会と大きく違います。みんな、手弁当なのです。今回私は4月の実行委員会1回と当日しか参加できませんでしたが、毎回北海道からも岩手からも参加者があるのです。そうやってむかえたつどいには、前日までの豪雨の中、飛行機に予定を変えたり、新幹線から在来線に変更したりしながら、参加者が集まってきます。地元の長崎でも、壱岐や五島列島からも前泊したりしながら参加者がありました。

もうあの子は仕事にも就き、結婚もし、という世話人さんもたくさん参加するのです。このつながりは、我が子が登校拒否になって、自分をせめ、泣きの涙でくらしてきた経験を共有できる同志だからなのではないかと、私は思っています。各地にある親の会も、決して教え合いませんし、非難もしません。けれど、共通体験を持っているので、はじめて、すべてをしゃべることのできる空間を共有できるのです。

いま、25周年のあゆみの編集委員会に参加しています。いままでのお母さんお父さんの手記を読みながら、こんな言葉がでてきました。「やってはいけない、といわれることがいっぱいあった。そんなもの全部やってきたわよね！」そうなのです。そんなことを、やってはいけないことをすべてやってきたもの同志であるという安心感、これが、親の会への参加理由なのです。そして、それを、全国レベルで共有しているのが「全国のつどい」なのです。そして、そんな会へ参加して、心から信頼できる友人を手に入れ、年に何回か、遠いところに旅行できる、それが生きがいにもなっている、それは、つどいの魅力であり、登校拒否したこどもからのプレゼントなのかもしれません。

◆学校に希望を◆

人間関係をつくるはたらきかけ——娘が「うちの学校」と呼んだ

杉田　美江（和歌山）

わが家の場合

１９９４年、当時小学校2年生の次女が登校を渋りはじめました。「明日は行くから、いや、あさってこそは。だから今日と明日はお休みさせて」というようなやりとりをほぼ1年近く繰り広げてきたその年明け。１９９５年1月、阪神・淡路大震災の日。和歌山でもその揺れに飛び起き、親子で身を寄せ合いましたが、「こんなすごい地震の日には学校も絶対休みだと思って、その日は休むのも気が楽だった」と後に次女が話していたことを思い出します。

次女は、その後中学卒業までの7年ほど、学校にはほとんど足を踏み入れることなく過ごし、また、6学年上の長女も１９９５年度、中学校3年のときに1年間学校に行くことができなかったのですが、この子たちのおかげで、教育相談の先生や親の会、全国連絡会と出会うことができたのでした。

休みはじめの頃は、親としてどうすればよいのかと必死で、のたうちまわった時期もありまししたが、やがて、「ならんもんはならん、なるようにしかならん」という気持ちになりました。学校に行けないなら、行けない今のこの子の毎日を大切に過ごしていくしかないかと、揺れつ戻りつする気持ちを親の会の中で吐き出して仲間に支えられながら、日々を過ごしてきました。以下、その中で特に学校に対しての思いを書き出してみました。

(1) 次女が休みはじめのころ、担任の先生がよく家庭訪問に来てくれた時のこと

私自身が思い切り先生によりかかっていたので、先生はほんとうにしんどかったと思いますが、あれはありがたかったです。その先生の姿勢や雰囲気にもよるのかもしれませんが。ただただなぐさめてくれたというか、いっしょに途方にくれてくれたというか。クラスの友だちがくれたお手紙とかも今から思うとありがたかったです。その時は、実はちょっとしんどかったんですが……(無邪気に「早く来てね」「元気になってね」とかが)。でも、とにかくギムとかじゃなく、してあげたいと思ってしてくれたことはなんでもありがたかったです。

(2) 毎年親の会で話題にのぼる新学期の問題(ちょっと寂しい思い)

特に春は年度替わりで、なにか新しい進展があるかと親も子も(特に親が)期待しているのに、学校現場の忙しさから、不登校の子どもへの対応が後回しにされて辛い思いをする親子が後を絶ちません。

親も先生方が忙しいのがわかっているから、そしてわが子がはたしてどんな反応(喜ぶのか嫌がるのか)をするかもわからないから、新学期に家庭訪問に来てくださいと、はっきりとお願いできない。まずこの切なさ、つらさをわかっておいてほしいと思います。このことを中学校内の不登校の親の会で話したところ、その時同席していた教頭が後に校長になった今、先生方に「始業式の前日までに声をかけに行ってほしい」と話してくださっているとのことです。

（3）担任や学校からの「はたらきかけ」について

中3の時の担任の先生の関わり方が大変うれしかったです。毎週決まった曜日に家庭訪問してくれたため、子どもは会いたい時だけ会い、適当にすっぽかしました。それができる雰囲気の先生で、先生の方も来られない時は「行けない」と電話をくれたりしました。もっとも、この中3の頃は、子どももそれほどしんどくない時期になっていた（それまでの先生方の対応の積み重ねがあって）ということもありますが、この対応のおかげで7年ものブランクのあとの学校生活（高校）をあまりこわばることなく、こなせたのではないかと思っています。結果として中3の時もまったく学校には行かなかったのですが、学校との関わりを感じ取り、見守られているという想いをもって中学校を卒業して行けたことは大変大きいと思います。

このような学校からの定期的・継続的な関わりには次のような大きな意味があると思います。

・子どもの状態の変化をつかめる（いまどんなはたらきかけがほしいのかが見える）
・先生に会うか会わないか子どもが自分で決められる
・行事の案内等が時期をのがさず子どもの手に渡り、自分でゆっくり考えて決められる
・親があせらず子どもを待てる（ひっぱる〈登校刺激〉のは先生にまかせて）

この中3の時の先生のはたらきかけは「登校へのはたらきかけ」ではなく、娘と先生との「人間関係をつくるはたらきかけ」になっていたのだなあと思います。休んでいる子もクラスの一員とし

て、「登校しようがしまいが」、そのままのあなたを大事に思っている、気にかけている。そのことが実感できればいいのではないでしょうか。

小2の休み始めの頃は「学校を辞めたんだから、名簿からはずしてもらえないの?」と言って、学校との縁を切ってしまいたがっていた娘が、先生方のさまざまなかかわりのおかげで、小学校卒業の頃には、自分の在籍する学校のことを「うちの学校」と表現するようになっていました。中3までの7年間、ほとんど学校に足を踏み入れたことの無い娘が「自分の学校」と表現するようなつながりを持ってくださった小中学校の先生方には、本当に感謝しています。

(4) 学校内の「親の会」について

スクールカウンセラーとの相談の中で、学校内で「親の会」をもちたいとの要望を出したところ、その年の2学期と3学期に1回ずつ開催することができました。

結果的には集まった親は3人でしたが、学校で担任以外の先生も含めて交流すると、なにげないアイデアも生まれ、「夜の学校に来てみませんか」という子どもへのよびかけをしてもらえることになりました。月に1回ほど、先生の負担にならないかたちで設定してもらい、よびかけたところ、うちの娘も1回だけ参加しました。はじめて中学校に足を踏み入れたのです。一度でも、自分の目で中学校の中を見たというのは、娘にとって大きな経験になったことだと思います。

このように学校が責任を持って、「しっかり」かかわってくれた、そのことが人との信頼感を築くことにつながると思います。そして学校に「しっかり」かかわってもらったという満足感、信頼感が安心感となって、娘はそれらを携えて高校に、社会に出て行けたのは、親としてうれしいことでした。

地域の「親の会」では

日々、揺れ動く心の支えとなったのは地域の「親の会」の仲間との語り合いでした。「例会」では、とにかく今の自分の気持ちを聞いてもらいます。また、今日は人の話をきくだけ、という方もいます。とにかく、同じ立場の親同士で「はあ〜」とため息をつくだけでもその苦しさがわかる気がするし、伝わる気がします。ここで苦しい気持ちをはき出して、少し気持ちを軽くして、また家で子どもとゆったり向き合えるそんな場です。

「不登校はどの子にもおこりうる」という理解が社会に一定ひろまったことで、世間の目や学校の対応に「家庭の問題」とすることは少しは減ったようには思います。しかし、一人ひとりの親や子どもにとっての不登校は、それぞれがはじめての経験で、混乱と動揺を抱えて「親の会」に訪れます。親や子が「肩身の狭い思い」を感じたり、学校というレールから外れたことによる、人生の挫折感や、「復帰」できるのだろうかという焦燥感はこれまでとあまり変わりありません。子どもが学校へ行けなくなるほど苦しんでいる、そのことよりも、勉強が遅れること、受験のことのほうを、親や周りの大人は心配してしまうのです。

毎月の「例会」を続ける中で大事にしてきたことは、「じっくり聞き合う」「共感し合う」「分かち合う」「支え合う」ということです。これらは、参加してきた親がいつのまにか、意識してかせずか、心がけ、大事にしていることで、「例会」は、親自らが実感し、学びとるという仕事を支える場となっています。

「親の会」へのかかわりが「運動」へのかかわりに

毎月の例会や居場所つくり、行政へのはたらきかけ、そして「全国のつどい」へのとりくみなど、「和歌山県親の会」が取り組んできた活動は、親が孤独から救われるだけでなく、社会をも変える運動につながっているように思います。

ともすれば、不登校を「克服する」というのは、世の中に合わせたり、適応させることにやっきになってしまいがちです。そうではなく、この子たちのありのままの今を理解し、そのままで受け入れられる世の中にしたい……。「親の会」は、そんな価値観を広げる場になっていると感じています。

苦しいときには安心して休むことができて、休み休みでも登校でき、いろいろな課題をかかえながら、成長していける。一人ひとりが、「個人として尊重され」「ひとしく教育を受ける」ことができる。憲法で保障されているそんなことがあたりまえの社会であってほしいと、そう望んでいいのだという価値観を確認しあい、実践する場、私にとって「親の会」は、そういう場にもなっています。

運動はたいへん力のいることでしたが、困っている本人だからこそ言えたり、行動できることがあります（また、真っ最中だからこそ、そのときには言えなかったり、動けなかったりもあり）。親の会では、それぞれが無理をしないで（無理をするにしても、できる範囲での無理にして）、「そのときできる人が、できることを」と、みんなの力を少しずつ寄せ合ってとりくんできました。

それにしても、家ではわが子への対応もあり、その上、社会に対して条件整備への運動などのとりくみは大変でしたが、とりくんだ人、それぞれの力になったと思います。

そして、親だけでは、親の会の運営や行政へのはたらきかけなど、途方にくれたかと思いますが、相談員が親の主体性を大事にしながら、傍らでずっとかかわり続けて、一緒にとりくみを考えてくれたことで、私たち親は子どもとの日常のかかわりの大変さの中でも親の会活動にとりくめたのだと思います。

◆学校に希望を◆

多くの人に支えられ、自立に向かった息子

西田しげみ（滋賀）

息子（四人兄弟の末っ子）は、1年生の冬から小学校を卒業するまでずっと不登校でした。3年生の1学期には自分から登校したものの、しんどくなって夏休みを前に再び行けなくなりました。その時には私も迷うことなく、「そんなにしんどいのなら行かなくていい」と言いました。それまでは、早く学校に行ってほしいという気持ちだったのです。息子が一番辛くてしんどい小2の時、私も同じようにしんどかった。当時、おやこ劇場の事務局をしていて、先輩のお母さんの子どもたちが何人も学校へ行けない状況もあり、いろいろと話は聞いていました。でも、わが子が学校に行けないとなると、頭で理解していたことなど吹っとんでしまいました。農村のつながりが色濃く残る私が暮らす地域では、不登校の孫に対する姑の理解も得られず、わが子のことだけで精いっぱいなのに、姑との関係にも心をくだかなければなりませんでした。そんななか、仕事とはいえ、お芝居やコンサートの鑑賞は心やすまるひとときでした。おやこ劇場の仲間にも話を聞いてもらって、なんとか乗り切りました。

親として何ができるか

親として何ができるかを考えました。①家庭は居心地のよいところでありたい。②学校に行っていないからこそできることを見つける。③気持ちの上で無理をしない（子どもの要求でも、できないことにはＮＯと言う）。

①については、何がしてほしいかを聞いたところ、本を読んでほしいとのこと。幼い頃から絵本を読んでいたので、息子は本がとても好きでした。私も本が大好きなので、息子と気持ちがぴったりあいました。

②については、普段は家にこもりがちなので、気晴らしも兼ねて旅行を計画しました。息子と娘と私と三人で、小３の冬にニュージーランドに行きました。近所と違って人目を気にすることなく、久しぶりにのびのび過ごせました。協力してくれる家族あってこその２週間の旅でした。

③については、子どものためだからではなく、私がどうしたいかを基準に判断しました。小２の頃、息子に「仕事をやめてほしい」といわれましたが、「やめたくない」と私の気持ちを伝えました。おやこ劇場の事務局の仕事は私にとって大切なものでした。息子か仕事かという二者択一ではなく、どちらもかけがえのないもの。それでよかったのかどうかわかりませんが、少なくとも息子のせいで仕事が続けられなかったということにはならずにすみました。

理解ある先生方に支えられて

彼には、たくさんの支援者がありました。２年生の秋から家庭教師として、週１回外に連れ出して、ハイキングやカヌーを楽しませてくださったUさん。父親の友人Hさんには、畑づくりや登山に誘っていただきました。Hさんは父親のスキー、ランニング仲間で、息子とのつきあいは赤ちゃんの頃からになります。

自宅が学校に近いこともあって、息子の代わりという訳ではないのですが、父親がPTA活動をずっとやって、会長を引き受け、高垣忠一郎さんを迎えてPTA主催の講演会をもったこともありました。私は、初めて家庭訪問に来てくれた新しい担任の先生に、「学校の先生としてではなく、一人の人生の先輩として、息子とつきあってほしい」とお願いしました。

4年生担任のF先生と教育相談のT先生には、猛暑の中、琵琶湖半周サイクリングの伴走をしていただきました。T先生が息子に「夏休みに何かやりたいことある？」と聞いてくれて、「自転車で琵琶湖一周をしたい」という願いにつきあってくださったのです。父親は車で数箇所の休憩地点で待機して、息子が止めるといったときに備えました。結局、息子は体力不足で一周は叶わず、自宅の草津をスタートして左回りに高島市マキノ町まで走りました。

5・6年担任のA先生は、学校に行っていなくても、学級の子どもと同じ体験をできる限りさせてくださいました。5年生の田植え体験は、息子用に田植えのバケツをこしらえて、重いバケツを家まで持ってきてくださいました。放課後なら学校に行けるというので、小5の夏から卒業するまで週1回、夜1時間、息子のために時間を作ってくださいました。小6になってからは、学級の子どもたちも参加してくれて、さながら夜間小学校でした。

関わっていただいたどの人も、息子の気持ちに寄り添い、無理強いせずに、少しずつ体験を広げていってくださいました。小学校の先生方は、校長先生も教頭先生も含めて、信頼できるすばらしい教師集団でした。この先生たちとの出会いは、私たち家族にとって大変しあわせだったと、今もしみじみ感じています。不登校の子どもの親にとっては、学校は敷居が高く、居心地の悪いところかもしれません。でも、私にとっては、週1回通う夜の体育館と何度もおじゃました校長室は、温かい思いのあふれる場所でした。

忘れられないあの夏の日の晴々とした息子の姿

あの夏の日の息子の晴れ晴れとした姿は今でも忘れられません。実母と夫と共に、浜大津港で息子を迎えたときのことです。琵琶湖学習船「うみのこ」に、5年生の時には参加できなかった彼が、6年生になって自ら参加したいと、付き添いなしに一人で乗船したのです。参加できなかった子どもたちのために、もう一度チャンスがあったことをうれしく思いました。「昨日はできなくても、今日はできるかもしれない」という可能性を感じた出来事でした。たぶんこの頃から、彼の心の中でも自信がついてきたのではないかと思います。自分が決めたことをやり抜くこと。他人からみたらささやかなことかもしれませんが、この経験と実感が次の一歩へとつながったのではないでしょうか。

もちろん彼の成長を先生方は支え続けてくださいました。教育相談のN先生には、5・6年とお世話になり、週1回の家庭訪問で勉強を教えていただきました。校長先生、教頭先生にもたいへん温かく見守っていただきました。教頭先生は、息子の6年生の記録をデジカメで撮って編集して、息子のために夜に卒業式の練習もしてくださり、そのときに大きなスクリーンで記録を映してくださいました。学級の子どもたちや先生方も参加してくださり、みんなの心が伝わってきました。夫と娘も一緒でした。

本番の卒業式にも出席できました。参加するかどうかは本人に任せていましたが、息子は腹をくくったと思います。前日は不安そうな様子でしたから、私は行けないかもしれないと思っていました。学級の子どもたちや先生方の心を支えに一歩前に出ることができたのでしょう。

ひとりだけの入学式　山あいのこぶしの花が旅立ち祝う

兵庫県の山あいにある、不登校の子どもを支援している全寮制の中学・高校への入学を祝して詠んだ短歌です。ここは彼自身が選び、行ってみたいと願った学校です。「地元の中学校には行きたくないけれど、中学校には行きたい」という思いが息子にはありました。滋賀県連絡会で教えてもらって、学校説明会に、小6の秋、親子三人で参加しました。私は「行かせたい」、息子は「行ってみたい」、第一印象はそんな風でした。草津の自宅からJRで4時間ほどです。週末に帰宅する息子を草津駅の改札で待つ生活がスタートしました。

息子が入学の際、学校に提出した作文を引用します。小学6年の冬に書いたものです。

中学校でしたいこと

いま、ぼくは学校にいっていません。それは、しゅうだん生活がじぶんにあっていないからです。ほいくえんのときからかんじていました。それに一人でいることがすきだったからです。（中略）

じゅけんしてうかったら、したいことがあります。まずは学力をつけることです。なかでもとくにかん字をべんきょうしたいです。それから体力をつけたいです。体をうごかすクラブにはいりたいです。泳ぎもおぼえたいです。せい神力をあげるためにひょうごけんおうだんマラソンをしたいです。人間かんけいもかいぜんしようと思います。ぼくは人みしりがはげしいので、それをなおそうと思います。さいごに自分のすきなことを中学校にいってみつけたいです。そして、しょうらいすきなしごとにつきたいです。

中学時代は心も身体もたくましく成長しました。姫路から播但線で約1時間の山あいにある学校。息子の成長にあの山と川は大きく関わってくれたと思います。全寮制という環境も、やっていけるのか心配でしたが、卒業式の日に、後輩から慕われている姿を見て、ほっとしました。先生方には、時には親として、兄姉として、友として、24時間休みなく関わっていただきました。感謝の気持ちでいっぱいです。息子が高校で陸上を選んだのは、中学校で走ることにつきあってくださった先生があったからこそでしょう。

地元の高校を経て、大学へ

地元の高校に行きたいと、地元の農業高校に入学。3年間陸上部の練習に明け暮れた日々でした。小規模の学校なので部員も少ないながら部長も経験しました。顧問のK先生には息子も信頼を寄せていて、進路についても相談していました。よき友にも出会い、走ることに一生懸命の高校時代でした。3年生最後の大会に、初めて応援に行きました。1500メートルを走る息子の姿に感動し、高校生たちの熱気と情熱を肌で感じた夏の日でした。息子は今、宮崎県のある大学の健康栄養学部で学んでいますが、文系の学部で学び直したいと考えています。関西の大学に編入したいようです。親としては本人のやりたいように、応援するしかない。今までもそうしてやってきたのだから。

夫はいつも息子のやりたいことを支えてきました。どんな時にも否定することなく、「しゃあないな」というふうに力が抜けています。このことで私も気持ちが軽くなり、なんとか今までやってこられたのかもしれません。照れくさくて普段は言えませんが、「お父ちゃん、ありがとう」

「不登校だった自分はあれでよかった」

私たち親子は本当に多くの人に支えられ、励まされてきました。感謝の気持ちでいっぱいです。滋賀県連絡会のY先生、Sさんには折々にお世話になりました。登校拒否・不登校問題滋賀県連絡会の「不登校を考える会」などに親子で参加しました。私が心がけていたのは、会の主旨を説明して、参加するかどうかは本人に任せること。積極的参加ではなかったにしても、イヤではなかったのだろうと思っています。息子が中学3年生の夏、「登校拒否・不登校問題全国のつどい」が宮崎で開催されました。その場で私と息子はそろって報告する機会をいただきました。分科会で息子が言った言葉が忘れられません。「不登校だった自分はあれでよかった」。

息子の未来はまだまだどうなるのかわかりません。嬉しいことや楽しいこと以上に辛いこと、悲しいこともあるでしょう。それでも、どんなときでも、希望をもって生きてほしいと願う、もうひとりの友として、いつも傍らで見守っているよ。

元教員の私から見えた学校

◆学校に希望を◆

鹿又　克之（千葉）

「つくしが出ました。つくしを取りに行きませんか？」

私は、１９６７年（昭和42）首都圏のベッドタウンの教員になりました。「6年の担任をして下さい」と校長に言われ、不安とビックリでした。でも、第1日目、クラスで担任のあいさつした時、子どもたちは、こう言って、新米教員を明るく迎えてくれました。

職員室に相談に行くと教頭がいて、「それはいい。みんなでお弁当を持って、取りに行くといい」と、予察の仕方、諸注意、学級通信の書き方など、教えてくれました。

2日後、クラスで広場に行き、つくしを取り、楽しく遊びました。帰ると、子どもたちは「先生につくしをご馳走します」と調理し、ご馳走してくれました。感激でした。全職員にもご馳走していました。

休み時間・放課後には一緒に遊び、宿直には子どもたちが遊びに来ました。日曜には草野球に声がかかり、夏には「花火するから」「お寺借りた。肝試しするから」と誘われました。学習塾はまだなく、子どもたちは自由な時間を楽しみ、群れになって遊んでいました。私にとって学校は〈教育という仕事は難しいもので大変だったけれど〉、とっても楽しい所でした。

「つくし取りに行きませんか」という子どもたちの声に象徴されるように、子どもたちは自分の思いを自由に表現し、実現させ、学校も子どもの声を受け入れ実現させていました。

つどいの講演で学んだこと

２０１５年に行われた「第20回登校拒否・不登校問題全国のつどいin愛知」の記念講演は、植田健男先生の〈管理と競争のなかで育つ子どもたち〉でした。植田先生は、この全国連絡会と全国のつどいは、子どもたちの自立へのもがきに関わりながら自らの「人間的な自立」をかけて闘っている、そして子どもたちが本当に学びたいことを学べる学校に変えて行こうとしている、自分に大事な視点を与えていると、まず話されました。登校拒否・不登校問題が生じた大きな背景として１９６０年代からの「管理と競争の教育」があり、どのように生まれたか、時代と共にどのように変わって来て、今日に至っているか、お話したいということでした。経済政策、産業構造がどのように変遷し、教育審議会、教育再生会議等がどんな教育政策を打ち出し、学校はどのように変わって行ったか、子どもたちにどういう影響を与えて行ったか、話されました。

時代の流れの中で

私は、その時、その時「私は何処にいて、何を考え、何をしていたのだろう」と振り返りました。

時代の流れの中、どう生きて来たか振り返ってみました。

１９７1年、学習指導要領が変わりました。教科書は教える内容が増え、ページ数が増え、厚くなりました。30時間で教えた内容を27、26時間で教えるというふうになり、子どもたちがまだよくわからないのに、次の題材に進まなければならない悩みを体験しました。ある研究会に参加すると、文部省の役人から『文部時報』が配られました。経済成長を何％にする、そのため学校教育をこう改革する……と解説・資料・統計が載っていました。このころ、マスコミ・社会では「新幹線教育」「落ちこぼれ」「三無主義」という言葉が飛びかいました。文科省の役人が「教科書は3割の子どもがわかるようにできている」と言って物議をかもしました。

先輩の先生たちは、多くなった内容を「もう一度自分たちで見直す活動をしよう」と率先して示してくれました。大事な内容、軽く扱ってもいい内容を洗い出し、学年会で検討し、子どもたちが楽しめ、張り切る内容を考えようと相談しました。これが植田先生がお話する「子どもの実態に合った教育課程をつくる」ということだったのかな、と振り返ります。

植田先生のおっしゃった「管理教育」について。「西の愛知、東の千葉」と言われました。千葉の「管理教育＝上意下達の教育」も企業城下町と言われた市や、私の勤務した市でも中心部ほどそういう傾向がありました。

私が初任で赴任した学校は、校長が日本作文の会ほか教育研究団体にも関わって勉強した人で、先輩の先生たちも教育研究団体に関わっている方々がいて、たくさんの大事なことを教えてもらいました。いつも子どもたちのことが話題になる職員間でした。

次の学校に転勤しました。「子どもにとってどうなのか」よりも「方針はこうだから、やってください」という姿勢が強く出ていました。「体力低下を防ぐ」と休み時間にもなわとび・体操・マラソンをさせようという提案がなされ、市内大会（陸上、サッカー、バスケ、水泳……）に向けて通年部活が取り組まれるようになりました。

多くなった学習内容のどれもこれも〝熱心に〟できるようにしよう、やらせようという傾向が増えました。宿題もたくさん出され、夜10時、11時になっても終わらなかったという声も聴かれました。計算・漢字ドリルは1回終わらせただけではダメ、2回、3回……やること、やれば教室の後ろの表にシールが貼られる、など増えました。

学校から帰ったら塾に行くことがとても多くなって行きました。自分がしたいこと、調べたいことより、やらねばならないことが重くのしかかるようになりました。そんな中、いじめ・自殺・学級崩壊・校内暴力・登校拒否不登校、子どもの苦しみを表出することが増えて行ったと思います。

教職員組合の教育研究集会でも1990年から「登校拒否・不登校・高校中退」の分科会が特設されました。1993年に東京で開かれた教育研究集会で、私はこの分科会に小学校1年生の子どもとの関わりをレポートしました。ここで、高垣忠一郎先生から「登校拒否・不登校への取り組みの到達点」を聴き、横湯園子先生、藤本文朗先生らから助言をいただき、まさに目からウロコが落ちる学びをしました。

学校をあきらめない

２００２年「ゆとり路線」に変わったと称されましたが、実際は、ゆとりはありませんでした。土曜の分を回された他の5日は多忙になり、総合学習がはじまりましたが、その3時間は国語・算数などの時間を削ったので、国・算の時間が不足しました。生活科（1年・2年）や総合学習では、文科省・教育委員会は「教師が主導してはいけない、子どもの発想を大事にして、子どもに任せるように」と言っていましたが、教科は相変わらず〝詰め込み〟であることを変えようとしていないことが何ともアンバランスなことでした。

２００４年私は退職しました。そのころ「低学力」批判が流され、「脱ゆとり路線」に転換、学校はますます多忙な所になって行きました。退職時、地域に子どもの居場所「ひだまり」が開かれ、子どもたち・大学生ボランティアと交流を積み重ね、親の会を続けています。

植田先生は話されました。「でも、学校をあきらめないで、キズついて満身創痍の学校であるかもしれませんが、あきらめないで欲しいのです。すべての子どもたちが安心して行けるような学校につくり変えるよう頑張っていかなければならないと思っています」と。同感です。そして、登校拒否・不登校を体験した子ども・親は、そんな中、自分にふさわしい生き方を求めて、粘り強く歩んでいると思います。

植田先生の講演のまとめは「にもかかわらず、それでも笑顔を」でした。「私たちは、若い人たちに背筋を伸ばして〝先に生きた分だけ、世の中のためにみんなが安心して学べるようにがんばっているよ〟という姿を見せましょう」と。ほんと。そうですね。

「先生、わかっとらんやったけど」
――小学校教師としての私のこれまでとこれから

千北　充範（長崎）

Aさんのこと

私は以前、佐世保市外に勤務していた時に、Aさんという女の子に出会いました。小学校4年と6年で2回担任をしました。Aさんは穏やかでのんびりとした性格で、クラスのみんなのことをよく気にかけて見ていてくれるお姉さんのような存在です。担任にとってもとても頼りになる子でした。ただ、いつも登校が遅く、1校時の途中で静かに教室に入ってきて、黙って席について、そのまま普通に授業に参加します。私も時々「もう少し早くおいで」と声をかけます。でも、Aさんの登校時刻は早くなるどころか、6年生の後半は長く欠席の日が続くようになりました。

私は担任としてどうしてよいかわからず、相談に行った地元のフリースペースで主催者のTさんに出会いました。Aさんのことを相談すると、Tさんはいろいろなことを話してくれました。早寝早起きを心がけようと言われてもなかなかそれができない理由とか、家で勉強するようにと言われてもそれができない本人の気持ちとか……。Tさんは、会ったこともないのにAさんのことをその行動の奥にあるものまで含めてわかっているようでした。それまでAさんのことはだいたい理解しているつもりだった自分が、実はまるで何もわかっていなかったということを自覚させられたのです。「子どもを理解する」ことを大事にしてきた自分にとってこれはショックでした。と同時に、不登校の子どもは学校の教師から最も理解されにくい存在ではないかとも思いました。

私が次にAさんに会ったとき、「先生わかっとらんやったけど、いつも朝からがんばって、がんばって学校に来よったとね」というと、Aさんは涙を流しました。私はAさんの心にようやく少し近づけた気がしました。

子どもから学んだこと

佐世保市に勤務するようになってからも「不登校」の子どものことがいつも気になっていました。市内で不登校の子どもに居場所を提供しているNPO法人「フリースペースふきのとう」とのつながりによって学習を深めることができました。

ふきのとうは、毎年「子どもサミット」という催しを行っています。不登校をしている、あるいは不登校をしていた子どもや青年がパネリストになって当事者の気持ちを話すのです。私たちは子どもの本音を聞きたくて参加するのですが、一度フロアから「今、学校や先生に言いたいことは?」と質問したことがあります。すると一人ひとり表現は違っていましたが、みんなから同じような内容の答えが返ってきたのです。まとめると次のようなことです。

「先生が家に来るのは嫌だった。でも、先生が嫌いだったんじゃない。先生という仮面をかぶって、仕事として来る先生に会いたくなかった。ほんとうは一人の人間としての先生に会いたかった」

私は不登校を経験した子どもたちに教師としてのあり方を教えてもらったのでした。今でも私が学校で子どもたちとつき合う上で、あの時の言葉を大事にしています。

すれちがう学校と家庭

子どもが学校に来れなくなると、学校と家庭との考えが次第にすれちがうようになっていくのを感じます。私は不登校について学ぶうちに、そうなってしまう「落とし穴」があると考えるようになりました。

親はどうにかして子どもを登校させたいと思いますが、心が疲れ果てている子どもはどうしても登校を拒みます。でも、子どもだって学校に行かなくてはならないとわかっているのです。子どもは学校へ行けない自分は弱いダメな人間だと思っていて、学校に行けた日には、自分が普通にやれることを自分に対しても周囲に対しても証明するために一生懸命にがんばります。何事もなかったように楽しそうにふるまいます。ほんとうはきつい心を精一杯奮い立たせているのです。しかし、その子の様子を見た先生は「なんだ、大丈夫じゃないか」と思ってしまいます。登校してしまえば大丈夫なのに、子どもの甘えに対し親がちゃんと言えないのが問題ととらえてしまうのです。するとだんだん先生と親との会話がぎくしゃくして、互いに不信感に覆われてしまいます。ほんとうは、学校から帰った子どもはくたくたに疲れ果てているのに……。

先生と親がつながって、子どものために最良のことをしていこうと思うなら、この「落とし穴」

にはまらないようにしなくてはならないと思います。そのことに先生たちが気づいているかどうかで、また、その子の気持ちを大事にしながらつき合っていこうと考えているかどうかで、その子にとっての教室の居心地はずいぶん変わってくると思うのです。

２０１１年の経験

２０１１年3月11日にあの東日本大震災が起こりました。地震と津波の被害、そして福島原発の問題が毎日のニュースになっていました。この国が悲しみに包まれている大変な時でしたが、日本の西の端にある私の街では、どこか現実のこととして感じられないような、それよりも目の前の日常に追われていて、震災のことを思い出さないまま日々が過ぎていきました。家でニュースを見るたびに、そんな自分にダメ出しをするようなもやもやとした日々だったことを思い出します。

同じ年の8月、『第16回登校拒否・不登校問題全国のつどい.in長崎』が、私の住んでいる長崎県佐世保市で開催されました。記念講演で、講師の広木克行さんが、「この年にここ長崎で全国のつどいを行うことには意味がある」と言われたことが記憶に残っています。それは、震災と原発の被害にあった東日本の人も含め、全国から集った人たちといっしょに、被爆地である長崎でいろいろなことを語り合うということだと私は思いました。そこで私たちは支え合うことの大事さを確かめ合ったように思います。

「親」の立場でない自分に何ができるのか……

全国のつどいでは、私は1日目の基礎講座の担当を無事に終え、2日目は分科会「手をつなぐ輪を広げて」に参加しました。それは私が住んでいる地域に不登校の子どもが何人もいて、親たちが孤立している状況があったからです。知り合いの親がきつい思いをしている中で、「誰かが何とかしないと」という思いがありました。「親」の立場でない自分に何ができるのか知りたいと……。

分科会では親の会を主宰されている方などが集まっていて、初めての自分には何もかもが新鮮な情報でした。とても興味深い話を聞くことができました。その中で私は「親の会に司会者はいるの？」など初心者の疑問を出すことができました。それができたのは、司会の方が私の声や反応を拾い上げてみなさんに返してくれたからです。実行委員会の度に「参加者一人ひとりを大事に」ということを耳にしてきましたが、まさか自分がここで大事な存在として受けとめてもらえるなんて思ってもいませんでした。なんだかうれしさで胸がドキドキするという感覚を味わうことができました。

できることなら自分の住む地域で「親の会」を開いて、みんなでつながりたい。私は教師であって「親」の気持ちはわからないかもしれないけれど、親の方といっしょに自分も成長できたらいい。そんなふうな気持ちを持つことができた全国のつどいでした。

そして8年後

2019年8月、『第24回登校拒否・不登校問題全国のつどいin長崎』が再び佐世保市に帰ってきました。一度は経験していることとはいえ、8年前とはかなり様子も変わっているし、全国からたくさんの人が集まるとなると運営するのはやはり大変なことです。それでも長崎県内の様々な立場のみなさんの協力や、全国各地のみなさんの応援によってすばらしい全国のつどいをつくることができたと思います。

私は今回も基礎講座を担当しました。講師の高垣忠一郎さんには多くのことを学びました。子どもが「自分が自分であって大丈夫」と自己肯定感の心を膨らませられるように手伝うこと、心の浮き輪に愛を吹き込んで膨らませるような援助をすることを教えていただきました。また、今の学校教育の歪みとして「指導」という名の「強制」がまかり通っていることを考えさせられました。「指導」というのは子どもが納得して従うことで、子どもが納得していないのに無理やりやらせるのは「強制」です。子どもの荒れがどこにでも見られるような現在の学校で、子どもの気持ちなど考えないで無理なことを詰め込みすぎている学校のあり方を考え直さないといけないと感じました。

分科会は、8年前と同じ「手をつなぐ輪を広げて」に参加し、そこでみなさんに報告をしました。前回の佐世保でのつどいの後、2011年11月から、私は地域で親の会を立ち上げて今日まで続けてきました。月に1度集まって互いに話を聞きあうだけですが、参加されてきた親さん方は、そこで元気をもらって前へ進んでいます。何年たっても悩みは尽きないのですが、「なるようになる」といい意味で開き直って現状報告をしてくれます。私もそういう親さんたちの言葉の一つひとつに励まされています。

私のこれから

ここ数年でも私は小学校の現場で、学校になかなか来ることができない、教室に入ることを拒む子どもと何人も出会いました。また、学校に登校してくる子どもたちの中でも「学校は楽しくない」と口にする子は少なくありません。本来、学校は子どもにとって友だちといっしょに学んだり遊んだりすることのできる楽しい場所のはずです。なぜ、こんなことになるのでしょう。それをこれから考え、学びながら、学校がすべての子どもたちにとって居心地のいい場所になるように、子どもに寄り添う実践を続けていきたいと思います。

また、地域でやってきた親の会も、必要とされる限り続けていけたらと思っています。

教師の禁句“それを言っちゃおしまいよ”

芦名 猛夫（大阪・中学校教員）

あーあ、また言うてるわ。
他人が言ったら聞き苦しい、
だけど気がつけば、自分も言ってしまってた、
ゆとり欠如の日常に、自戒を込めた禁句集。

* 「いっこも反省してへんやないか」
* 「なんで、こんな問題がでけへんねん」
* 「情けない」
* 「忙しい（から、あとで）」
* 「〜のくせに」「中学生にもなって」
* 「何べん言うたらわかるんや」
* 「やったらできるのに、やらへんからでけへんのや」
* 「やる気がないから、だめだ」
* 「おまえのために言うてるんや」
* 「先生の気持ちわかってくれ」
* 「そんなことしたら先生が困るんや」
* 「ちょっとくらいしんどくてもがんばれ」
* 「だれに言うてるんや。おまえ、なにさまなんや」
* 「先生をなめてんのか」
* 「泣くな！　先生のほうが泣きたいわ」

◆当事者の声を聴く◆

わたしは不登校を後悔していない

田中　由美（滋賀）

学校に行っていなかった中学1年生の11月から卒業までの間、私は何を考え、何を思って生活していたのだろうか。

はたから見れば、私の生活は怠惰なものに映っただろう。夜は遅くまで起きているし、朝は遅くまで寝ている。朝食と昼食は基本的に兼用で、日がな一日ゴロゴロと過ごしていたのだから。することといえば、少々の家事を手伝うことくらいで、そのおかげで、料理は得意になった。洗濯物を干すノウハウも手に入れた。

しかし、他の同い年の子どもがしていること、例えば学校に行って勉強をする、部活動で汗を流す、友だちと休み時間に遊ぶ……、といったことにはほとんど縁がなかった。部活は、中学1年生の夏までバスケットボール部に所属していたが、練習がきつかったのと、何よりも先輩には絶対服従、何の合理性があるのか分からない独特の規則・慣習、他人を誹謗中傷することしかしない同級生、そんなものに心底嫌気がさして、入部4か月で止めてしまった。その後、友だちが多く所属していた美術部に籍を置いて、気が向いた時に美術室に行き、絵を描いたり、しゃべったりしていた。それなりに居心地はよかったので、1年生の11月初めに学校に行かなくなってからも、部活にはたまに顔を出していた。そう、別に私は友だちに恵まれていなかった訳ではない。それどころか、今でも親しくしている友だちもいるのだから、なかなか恵まれた友人関係だったといえるだろう。

なぜ学校に行けなかったのか

しかし、教室に行く……というか、部活以外で同級生たちの間に入っていく気はまったくなかった。顔を合わせるのも嫌だったし、声を聞くだけで吐き気がするときもあった。もともと私は、集団行動が少々苦手である。個人が確立していて、それぞれ目的をもった集団行動は苦痛ではない。むしろ心地よさを覚える。しかし、極端なまでに個人を押しつぶし、全体の平均に合わせなければならない集団行動が苦痛で苦痛でしかたがないのだ。

だが、集団行動が嫌いだったから学校に行けなかった訳ではない。その程度のことなら、ストレスを溜めはするが、我慢できない程のことではないのだ。では何が嫌だったのか。いじめである。学校に行っても、教室の中に居場所はない。針のむしろに好んで座る趣味はないし、嘲笑われて喜ぶ趣味もない。小学校低学年の頃から延々と繰り返されるいじめのおかげで、微妙に感覚が麻痺していたとはいえ、中学に入ってからのいじめは我慢するにも限界があった。例えば……、学校の玄関のガラス戸を拭いていて、外に締め出されたことは、両手の指では足りないし（ちょっと迂回すれば中には入れるのだが）、好物について2か月はからかわれた（私の好物は秋刀魚）。シカト、流言、罵詈雑言は日常茶飯事だったが、中学に入ったころには、周囲の娯楽として用いられるようになった。他人の楽しみのために、いったい私は何をどれだけ我慢しなければならないのだ。私が我慢する義務はあるのか。いや、あるはずがない。

親の目線で胃が痛む

そんなこんなで、散々にストレスを蓄積していた私は、ある夜の母との喧嘩でついにキレた。そして翌日から不登校になった。学校に行かないのは非常に楽だったが、同時にとても苦痛だった。確かに家に居れば同級生からのいじめにあうことはない。しかし家に居ると、今度はプレッシャーがおしかかってくるのである。

親の目が痛い。何か言いたげな目線が、じーっと私を追いかけるのだ。言葉の端々、ふとよこす目線、日常生活でのふとした動作すべてに、「何か」が含まれている。学校に行っていた頃は、人間関係でよく胃が痛くなったが、今度は親の目線で胃が痛くなった。かといって、不機嫌になるわけにもいかない。私が不機嫌になると、ギリギリのラインで持ちこたえられていた母のストレスが爆発するのは確実だったのだ。

どうも小さな頃から叱られつづけてきたせいか、私はとても母に弱い。あまり運動が好きでもなかったのに、バスケ部に入ったのも、母が「運動部がいいよ」と言ったからなのだから、我ながら何と自主性のない……と呆れてしまう。母に怒られたくないのなら、学校に行くのが最も有効な方法なのだが、学校は母の怒り以上に嫌だ。だったら、まだ家に居たほうがストレスは少なくなる。

溜息と道連れ……これが私の不登校生活の知られざる秘密である。唯一の救いは、母が昼間は滅多に家に居なかったことだろう。もしも一日中顔を付き合わせることになっていたら……、想像するだけで恐ろしい。胃潰瘍くらいは患っていたかもしれない。

一人で居ることが寂しいと思ったことはなかった。むしろ、一人で居られるほうがありがたかった。要するに、心配されることに慣れていなかったのだと思う。心配されればされるほど、煩わしく感じていたのは事実だ。そして、同時に罪悪感を抱いていたのも。

3日に一度は母と喧嘩していたように思う。例えば、夜更かししすぎることについて。例えば、リビングに掃除機をかけ忘れたことについて。例えば、美容院の予約を忘れて、すっぽかしたことについて。そういうときの母の決まり文句は……「もっときちんとした生活をしなさい！　だらしない！」。

ちなみにこの台詞、今でも聞く。もっとも、当時と比べて大変図太くなった私は、右から左へ聞き流しているが……。どうやら母は「きちんとした」ことが好きらしい。一方私は、「ある程度きちんとしたこと」が好きなので、学校に行かない日は昼まで寝ることを信条にしている。

学校以外の場に触れられてよかった

不登校の当時は……昼間よりも夜のほうがよっぽど落ち着いたために、ついウッカリ夜更かししてしまっていたのだ。……母がたまに3時頃、そろそろ寝ようかと思う頃に限って怒鳴り込んでくるのには参ったが。怒鳴り込んでくる時の母の顔は、まさに鬼の形相。怒鳴り込まれると、逆に眠気など吹っ飛んで、結局徹夜する羽目になった。それだけ母は私に規則正しい生活をさせたかったのだろう。学校に行かないなら、せめて生活だけでも、と言ったところだろうか。しかし私にしてみれば、学校に行かないなら朝早く起きる必要性などない。そして本を読むには、周囲の雑音が入り込まない夜中のほうが良い。集中力も高まるし、理解力も上がる。日本国憲法の前文を3時間で暗記することもできる。母がいくら怒鳴り込んでこようが、昼間小言を言おうが、私の生活がまったく改まらなかったのは、そういうわけだ。

そして、1週間に一度学校に行ったり行かなかったりして、私の中学生活は幕を閉じた。正直なところ、私にとって中学校の約2年半の不登校生活は、特別なことではなかった。なんというか……日々の生活で食事を取らなければ生きていられないのと同じように、休まなければ生きていられなかったから休んだというだけのことだ。

その後高校に進学して、私の生活はがらりと変わった。毎日が楽しい高校生活だったという気はない。最初のころは、まず学校に行くというだけで必死だった。何度か休んだこともある。それでも行けなくなることはなかったのは、奇跡だと思う。そして、昨年の3月、私は初めて、卒業したくないと思った学校を卒業した。

私にとって不登校の経験は何になるんだろうか。たまに自問自答しているが、答えはなかなか出ない。だが分かっていることが一つある。それは、私が不登校だったことを後悔していないということだ。別に高尚な理由があってそう思う訳ではない。何となくである。だが、私は他の子が学校にしか触れられない時期、学校以外の場に触れる機会があった。それだけのことである。

不登校だったきょうだいが織り成す世界

――ユカさん・ヒロくんは長い不登校を経験した姉弟です。ふたりは絵を描き、創作活動をし、イベント販売をしながら、このたび個展を開きました。
ふたりの織り成す世界は深い青と優しい光に彩られ、そこには静かな時間が流れています。

◆当事者の声を聴く◆

ユカ・ヒロ（長崎）

僕は小学3年生から中学生の間不登校でした

不登校というのは学校に戻ったから終わりだとは思いません、自分が意図せずとしても違う道を歩いてきた事実は変わりませんから、その分の距離があるのは仕方ないことです。ですが、僕はその距離こそ大事にして欲しい。ゆっくりでもいい、じっくりでもいい、寄り道だって万々歳です。せっかくみんなと違う道を歩んでるのだから、焦らず自分のペースで好きな事に出会って好きなように生きてください。

不登校を経験してきた姉と僕、共通する思いは、そこで出会えた思いや感情、考え、見えた、見てきた景色を発信したいということでした。

自分たちは学校という社会に適応できなかった情けない異質な存在なのではなく、みんなの中にもある同じ気持ちの代弁者のような……、その弱さと思っているものは実は誰しもが大なり小なり持っているもので、それはある意味等身大の、とても身近で暖かい、愛すべき人間臭さを持つ存在です。

僕らは経験してきた一人として、このことを小さいながらもみんなに伝えていかなければならないと思っています。いやそうしたい、です。

ヒロより

時々立ち止まり、あたりを見渡し、またゆっくり歩き出す

自分の人生を、自分らしく、自分が心地よく感じるペースで、そこで見たり感じたことが今のわたしをつくっています。

いま動けるのも、悩んだ時間があり、向き合う時間があったから。

弟とは同志のような感じで、夜遅くまで話したり、旅に出たり、多くの時間を一緒に過ごしてきたし、母をはじめ、家族とも、不登校というひとつの大きすぎる課題に向き合ってきた過去は、仲間のような家族を越えた絆を生み出したように感じます。

最近は家にこもって創作活動して、時々イベント販売してそんな自由気ままな生活をおくらせてもらえるのもありがたいなぁと思い感謝しつつ、私たちと似た経験をされた人、もちろんそうではない人も、人とちょっと違う生き方をしている私たちが織り成す空間でほっとしたり、なにか感じてもらえたら本当に嬉しいなぁと思っています。

ユカより

◆当事者の声を聴く◆

マラソンを100メートル走と間違えて全力疾走した日々

加藤　杏子（京都）

優等生をしていた私

今から九年程前、小学生だった私は、とっても積極的で活発な子でした。班長、学級委員、学年委員長……、あらゆる係をやっていました。しかし、中学に入学後その歯車が少しずつかみ合わなくなります。「係をするのは、小学校で終わり。中学ではクラブに打ち込みたい。」そう決めて意気揚々と入部したクラブ。一方、担任の先生からは連日「学級委員をやってくれ」と言われていました。根負けした私は、ついに引き受けることになりました。

「みんなと仲良くしなさい。」そういわれて育った私は、今から思うと、誰にでも「いい顔」をしていました。だから、それなりに友だちも多かったし、優等生というイメージで見られていました。でも、中学に入ると女の子特有とも言える「対象の変わる無視」が始まりました。その矛先が私に向かったのをきっかけに、クラブの不完全燃焼、学級委員をやらなければならない苦痛と相まって、ついに夏休み明けの9月2日を境に不登校に。「もうしんどい。マラソンを100メートル走と間違えて走ってしまった気がする」と、日記に書き記して……。

私じゃない、泣きじゃくる日々

夏休み前から、私の元気のない様子に母は気づいていたようです。でも、まさか我が子が不登校になるなんて、夢にも思っていなかった。もちろん私だって同じです。もう、心と体がバラバラになった感じ。学校にいけない自分が情けなく、泣きじゃくって一日を過ごすことが増えました。表情が消え、目力はなく、魂が抜けたような顔。そんな顔を鏡でみて、また悲しくなって泣くのです。親は必死。引っ張ってでも、引きずり出してでも、学校へ行かそうとします。「行けない」とは言えないものの、泣いて抵抗する私を跨ぐようにして妹は、小学校へ通っていました。朝は、不安が押し寄せ、登校できず。昼間は、学校にいけなかった自分を責め、母が作ってくれたお弁当を、母と向かい合って食べるのです。（なんとも気まずい雰囲気）夜は明日のことで不安一杯。胸が押しつぶされそうになっていました。

そのうち、一人では抱えきれなくなり、夜中に「こんな性格に育てたからや！」と母を責め、寝言では「どうしたらいいの?」と叫ぶようになり、泣きじゃくる日々が続きました。一人では眠れず、父と母の間に川の字になって寝る日が増えました。母はそんな危うい私を見て、自殺でもするんじゃないかと家中の刃物を隠したと言います。

登校禁止令と進路

家で、悶々とする日は相変わらず続いていたものの、家庭教師の「嫌やったら、帰ってきたら?」という軽い一言で、頑なに拒んでいたカウンセリングを受ける事に。そこで、先生の一言。「貴方は今日から1か月学校にいっては行けません。いいですか?」。この一言が、私に初めて心の休息をくれたのです。

休息後、2週間に一度、1週間に一度……と少しずつですが登校できるようになりました。最初は1時間だけ授業を受け、母に校門まで迎えに来てもらい、疲れ果てて夕方までぐっすり眠ると言ったぎりぎりの状態でしたが……。

行ったり行けなかったりを繰り返しながら中学3年生に。「高校には進学したい!」と思い、1、2年生のすっぽりと抜けている勉強を必死で取り戻しました。少しずつ登校できるようにもなり、志望していた高校にも合格。高校生活への期待で胸を膨らませながら、中学校を卒業しました。

トラウマの九月

不登校だった自分とは決別しようとしていた私。しかし、中学から殆どが進学する地元の公立高校だったため、周りの目が気になって、過去を引きずっていました。受験のために無理やり詰め込んだ中学3年分の勉強。高校の授業についていくにはあまりにも不十分で、劣等感を解消しようと毎晩夜中まで机に向かう日が続きました。また、全力疾走してしまったのです。1学期は欠席なく通ったものの、「また、あの恐怖の〝1年生の9月〟がくる」そう思った時にはもうヘトヘト。暗闇へ突入。今度は、行かなければ単位が落ちます。1年生の1月には留年が決定。その頃にはストレスで口が開かなくなるなど、ボロボロでした。もう、どん底。現実を突きつけられ、3日間泣きつづけました。家族で話し合った結果、環境を変えてみてはどうかということになり、「今度こそ！」という思いで通信制の高校に転入を決めます。

ガラス細工のよう

高2の春から通信制高校に通い始めるものの、知り合いもいないし、早く帰ることばかりを考えていました。そんなある日、先生が「ニュージーランド語学研修にいかない？」と声を掛けてくださいました。「中学の修学旅行さえフラフラの状態だったのに、言葉も通じない国に2週間もいくなんて……」と思いましたが、同時に「ここで変わらんかったらどこで変わるんや！」という思いが湧いてきました。ちょっと、いや、かなり不安だけど、これはチャンス！「どんなに寂しくなっても家に電話はかけない！」そう決めて飛び立ちました。のんびりしたお国柄と異国の地で過ごせたことが私の癒しと自信になり、帰国後は少しずついろんなことにチャレンジできるようになりました。クラブ、弁論大会、ボランティア……、以前の私からは想像できません。そんな姿を見て、先生が大学のAO入試を勧めてくださいました。AO入試とは、学力試験ではなく、論文や高校時代の活動をアピールして合否を決める入試。周囲の人に支えられながら、チャレンジし、合格しました。先生からの卒業時の手紙の一節に「転入当初、貴方はガラス細工みたいで、割ってしまうんじゃないかってヒヤヒヤしたけど強くなったね。」とありました。本当に、その通り。もろいもろいガラスのような私だったのに、たくさんの人の支えでたくましくなることができました。

そして現在

現在、大学3年目を迎えています。苦手な英語に四苦八苦したり、忙しい毎日に疲れることもありますが、心理学の勉強をしながら、母校の中学校で別室登校してくる生徒さんと話をしたり、遊んだりするボランティアをさせていただいています。そして、将来の夢に向かってアナウンススクールに通ったり、とても充実した日々で、家にこもっていた日々が嘘のようです。

がむしゃらに「頑張る」のではなく、顔がキラキラ輝くような「顔晴る《がんば》」選択をするようになってからとても楽になりました。これからも、辛いことはいっぱいあるでしょう。でも、肩肘張らず、自分に素直に、私なりに乗り越えていきたいと思っています。

「手記」が描く生命《いのち》の「すがた・かたち」に寄せて

高垣忠一郎

「人生の道程」で出遭う「まさか」の坂

人生には「上り坂」「下り坂」があります。そしてもう一つ「まさか」の「坂」があります。「まさか、こんなことが起こるとは！」と衝撃を受ける問題に私たちは出逢うこともあります。そういう問題は大抵、日常のパターンでは解決困難な問題のようです。そういう問題こそ「神様はときどき人間にすばらしい贈り物をくださる、ただし、その贈り物は苦しみという包装紙に包まれている」というすばらしい贈り物なのです。

人は生きている間に何度か宗教的にしか解決できない問題にぶつかります。「宗教的に解決する」とは、何かの宗教に頼って解決してもらうという意味ではありません。宗教とは生きる根本となる教えのことですから、生きる根本となる意味や価値、人生観や世界観の前提にまで遡って考えさせられるということです。

日常的な問題は、たいてい自分の欲する目的にどうすれば効率的に到達できるか？　という問いをたてて、解決を図ります。あるいは世間で通用している常識を考慮すれば、おおむね答えが出るような問題です。

日本人はいま、豊かな消費社会のなかで「お待たせしません、すぐにご用立ていたします」という宣伝文句に慣らされて生きているのか、「即席の答え」を求めます。自分で問題と向き合い、苦しんで問題を解くことを面倒くさがり、忘れているようにみえます。

でも、人生はうまくできています。「まさか」の坂に遭遇して真正面から向き合い、自ら苦しみ・悩みながら問題を解かざるをえない体験をさせてもらえるのです。心理カウンセラーとしてそんな問題に向き合い「苦しみという包装紙」を開くことに四苦八苦する人びとに、長年お付き合いさせていただいた私はほんとうにそう思います。

その人びとは自分の日ごろの望みの前提になっている「価値観」や「ものの見方・考え方」そのものを、もう一度問い直し、考え直さないとどうにもならない問題と向き合い「悪戦苦闘」することを体験させてもらえるのです。でもそのお陰で私たち人間は正気にかえり「まともさ」を保つことができているのではないかと思ったりします。

「わが子が学校に行けなくなった」という問題だってそうです。私たち親はたいてい「子どもは学校に行ってあたりまえだ」と思い込んでいます。あたりまえすぎて、それを意識さえしていません。子どももたいてい元気に毎日学校に通っています。だが、ある日突然（のように）登校を渋るようになり、挙句の果てに学校に行かなくなります。

こういう事態に直面して、私たち親は「まさか、うちの子が」と面食らって慌てます。そして「どうしたら、うまく学校に行かせることができるか?」という効率的なよい方法（ハウ・ツウ）をまず求めます。しかし、やがて、そんな都合のよい方法があるわけではないことに気づかざるをえないのです。

子どもが暴れて壁に穴をあけたり、「こんな自分は生きていてもしょうがない、死にたい」と「死にたいほどの辛さ」を呟いたりしようものなら、私たち親の「子どもは学校に行くのがあたりまえ」「子どもが学校に行くことはよいことだ」などという常識や価値観そのものが揺さぶられ、ぐらつきはじめます。

「こんな常識的な判断や価値観自体に問題があるのではないか」「こんな考えでこの問題と向き合っていたら、解決しないのでないか」という疑問をつきつけられるのです。そして、立ちどまって考え悩み、苦しむ「すったもんだ」の「悪戦苦闘」をくぐりぬけたすえに、多くの親たちがこうおっしゃるのです。

「子どもが不登校になってくれたおかげで、順調にいっていたら考えたり、気づいたりしなかった大切なことに、気づかせてもらえました。人間として成長させてもらえました」と。このように私たち人間は「自分自身を根本から変えないと解決できない」と気づかせてくれる問題に、一生にうちに少なくとも一度は直面させてもらえるようです。

「六道の世界」を辿るような「すがた・かたち」

ここに収録された不登校の子どもの親たちの「手記」には、わが子の「不登校」に向き合って、悪戦苦闘してきた親たちの「すがた・かたち」が、飾ることなく、正直に、赤裸々に、真摯に語られ、描かれています。

あるお母さんは書いておられます。「突然、担任の先生から電話があり〝学校に来ていない〟ことを告げられるまで、まったく予想もしていない出来事でした。その時から長い、苦しい旅が始まったように思います」と。家庭の事情によってはこのお母さんのように「地獄のような」毎日の始まりになることもすくなくありません。

たとえば、そのような手記に登場するお母さんお父さんたち、そして子どもさんたちのくぐり抜けてきた世界やその末に到達した世界は、あえてたとえれば仏教のいう「地獄」「餓鬼」「畜生」「修羅」「人間」「天」という「六道の世界」を連想させられます。それは決してあの世のことではありません。

「見捨てられる不安」「傷つきやすさ」「焦り」など心に埋め込まれていた「地雷」が爆発し、家庭や親子関係が戦場のような様相を呈する「地獄」の世界があります。さらに、本当に欲しいものが得られないで「欲しい、欲しい」と飢えに苦しみ、過去に満たされなかったものに執着するあまり、何をもらっても空虚で、満たされないという「餓鬼」の世界もあります。

さらには、人間としての恥を知らずに、我欲に駆られて自らの見栄や利益のためだけに、自分の欲を満たそうとする「畜生」のような世界、さらには幼少期に養育者から期待を押し付けられる不安に脅え、成長しても安定した人間関係を結べなくなり、甘えと反発の競り合いに激しく揺れ動く「修羅」のような苦しみの世界、そのような世界を経て、「自分はいったい誰なのか？」という問いの答えを追い求める「人間」の世界に辿り着くのです。

でも、その「人間」の世界も、またいつ地獄、餓鬼、畜生、修羅などの世界に落ちるかもしれない可能性を秘めた不安の世界です。それは、たとえば「あるがまま」の自分を受容されず、つねに偽りの自分を演じなければならない生き方を強いられてきた人間が「本当の自分」を求めて苦しむ世界です。

そのような苦しみと悩みの世界をくぐり抜けて、最終的にようやく人間特有のエゴにとらわれ競争に明け暮れる競争原理に支配されたあり方から、共感原理で結ばれた他者との関係へと解放され、仲間とつながる大切さを知り、相互扶助しあえることの喜びと価値に目覚めて「天」の世界に辿り着く人びとの物語の一端を読ませていただくような気がします。

子どもと向き合い、自分と向き合う親たち

「手記」にほんとうにリアルに描かれていますように、生きものである子どもたちは、さまざまな「すがた・かたち」を通して親に必死に訴えてくれます。

たとえば、「身体をこわばらせて学校へいくのを嫌がる」「頭が痛い、腹が痛いと言う」「ナイフで切り裂かれ骨だけになったフスマ」「夜中に音量を最小にした iPad を抱くように聴いていた」「フトンから起き上がり、殴りかかる格好をしたまま、涙をため、こぶしを震わせていた」「この家には私の居場所がないと叫ぶ」「ふとした瞬間のゆるんだ笑顔や、聞こえてきた笑い声」「なぜそんなに早く動いているの？　お母さんでも失敗することがあるの？」「なんでもいいから買ってきて、食べ物、オモチャ、服以外」「ほんとうに欲しいものがあるのだけど、何かわからへん」「義父にガラスのコップを投げつける。義父の足元でコップは砕け散る」などなど、挙げればきりがないほど、子どもたちの垣間見せてくれる、それこそリアルな「すがた・かたち」の数々……。

そうした子どもたちがみせてくれる「すがた・かたち」こそが、生きた表情で親の五感に語りかける力をもっているのですね。そのお蔭で私たち親は見過ごしてきた「大切な、大切な」真実に気づかされるのですね。その「真実」とまともに向きあうことをとおして、親自身が自分自身と向き

あわざるをえなくなります。とりわけ、自分の生き方を問いなおすべき「中年期」に、思春期のわが子が問題を出して私たち親に大切なことに気づかせてくれているのだと思います。

それは見ようによっては、子どもたちがしんどい十字架を背負うことによって、われを忘れて生きている私たち親や大人たちに「おまえたちの生き方はそれでよいのか」という問いを突きつけてくれているようにもみえるのです。でも私たちは今の社会の常識的な思い込みに乗っかって、自分を棚上げにして自分の都合のよいように子どもを変えようとします。

たとえば、あるお父さんは、息子を受けいれることは自分の「よし」とする職業人としての価値を失うことのように感じます。そのお父さんは企業の管理職にあり、妻や子のために頑張ることで、家庭を支え、従業員たちの生活を支えてきました。その結果いまの自分の地位があります。それがそのお父さんの誇りであり、自分の生き方を支える価値観でもありました。

そのお父さんにとって、「何も頑張らないで」怠けているようにしか見えない息子を受けいれることは、自分を否定することであるかのように感じられるのです。そのお父さんが息子を受けいれることができるためには、自分の価値観や生きざまとまともに向きあい格闘しなければならないほどの苦難の道を歩まなければなりませんでした。

また、あるお母さんは「よい子」であったわが子の反抗に直面して、自分自身が親の期待に応える「よい子」として育ち、生きてきて、いままた舅や姑の期待に応えて子どもを立派に育てる「よき母親」の役割に自分を縛りつけていることに気づきます。そのお母さんにとって、わが子の「独立戦争」をそれと理解しわが子の親離れを受けいれていく過程は、自分自身の「親からの独立戦争」を経て「自分自身」を生きようとする、新しい自分への目覚めの過程でもあったのです。

このように、わが子の問題と直面することをとおして、私たち親は自分のこれまでの生き方や自分の育ちの過程でやり残していた課題にもう一度直面させられます。さらにまた思春期の子どもが問題を出すときには、両親が夫婦関係を見直すときでもあります。つまずき、もつれ「荒れる」わが子を前にして、両親はその夫婦関係を問われます。

夫婦関係の問題が子どもの問題の原因やきっかけになることもありますが、そればかりでなく表だって問題が無いように見える夫婦でも、子どもの問題を前にしてその関係が問われるのです。夫婦が協力して問題とまともに向きあい、その解決に努力することができればそれは夫婦がお互いの絆を確かめなおし、結びなおすよい機会になります。

協力できなければそれは夫婦別れのきっかけにもなります。その分かれ道という意味で、まさにそれは夫婦関係の危機だといってよいでしょう。もし協力して、共に問題に取りくむことができるならば、それは今後子育てが終わり夫婦だけの生活が戻ってきたときに、夫婦が向きあって生きるうえでのよきリハーサルになることでしょう。

悩める親への支援のあり方と「親の会」の必要性

「不登校」の子どもへの援助に際しては、子どもが家に引きこもっていることが多いという事情から、その子にとって家庭と親が唯一の身近な環境ということになります。それゆえ、子どもと日常的に接する親を支えることがとても重要な課題となります。親が平らかで和やかな安定した心で子どもと接することができるような支援が決定的に大事です。

その際、専門家による個々の親への心理臨床的な、あるいは教育相談的な援助と同時に、おなじ悩みをもつ親たちの自身の自助グループである「親の会」の存在がとても大切な意義をもちます。親が子どもの問題に遭遇し、不安や動揺から立ち直り、子どもとしっかりと向き合い、自分とも向き合い、親としての成長を遂げていけるように、親同士が相互に支え合える「親の会」が身近にあれば、それほど心強いことはありません。

自助グループとしての「不登校」の子どもの「親の会」が今日のように各地にできはじめたのは、30数年ぐらい前からのことです。それ以前は、子どもが「不登校」になれば、多くの親が、わが子を情けない「ダメな子」と否定し、返す刀でそういう「ダメな子」を育てた「ダメな親」と自分を責め、親戚・知人にも相談できず、「ダメな子」と「ダメな親」が肩身の狭い想いをして、身を潜めるようにして苦しんでいた状況がありました。

そういう状況のなかでは、親は学校・社会から脱落した孤立感や疎外感を感じ、自分を「ダメな親」にしてしまった「ダメな子」を受けいれることができません。そして親に受けいれられない子どもは、自分を否定し、自分を責め続けて「自分が自分であって大丈夫」という自己肯定感がふくらまず、なかなか元気になれなかったのです。

ところが今日では、子どもが「不登校」になっても「うちの子、学校に行けないの」と周囲に訴え「親の会」に参加し、同じ当事者同士で苦しみを分かち合えます。親自身が自分のしんどさ、辛さ、ダメさ、弱さを「ありのまま」にさらけ出し、同じ苦しみをもつ仲間に受けいれられる体験をするなかで、孤立感から解放され「こんな親であっても大丈夫」と自己肯定感をふくらますことができるのです。そして、その心でわが子の「あるがまま」を受け容れられるようになっていくのです。

仲間同士支え合いながら自己変革をとげていく親たちと「親の会」

「手記」にも、まざまざと描かれていますように、子どもの問題と直面しながら、自分の生きざまや価値観、自分自身の生い立ちや夫婦関係と向きあい、それらを問いなおし再構築していく過程は、私が「六道の世界」にたとえさせていただいたように、並々ならぬほどつらく、苦しく、しんどい道程を辿る大仕事の過程です。それは、一人で誰のたすけも借りずにやりとげられる生半可な仕事ではありません。

多くの場合、友人や同じ問題を抱える親同士の人間関係に支えられながらできる仕事です。「親の会」に参加し、逃れられぬ苦悩を介して「ありのまま」の自分をさらけだし、苦しみを共有し共に悩む親同士の人間関係のなかで、触発され、支えられながら自己変革を遂げていくのです。

私が相談を受けていたお母さんは、カウンセラーの私に「わたし、子どもが不登校になってから、近所を歩けなくなりました」とおっしゃいました。私が「なぜですか?」とお聞きしますと、「自分の背中に〝私は子どもを不登校にしてしまったダメな母親です〟という貼り紙を貼って歩いているような気持ちになりますから」と、おっしゃいました。

お母さんたちは、そんな心境にまで追い詰められるのですね。子育ての責任は自分にあるのだから、子どもに何か問題が起これば、自分がなんとかしないといけないと、日本の母親たちの多くは思い込まされています。だから、子どもに適当な距離がとれずに、なんとかしようと肩に力が入り子どもに迫りすぎて、かえって子どもに鬱陶しがられ、突き放されるようなつらい目に遭ったりもするのです。そんな状態では、自分も子どもも変わることは困難です。

そういう親、とりわけお母さんが「親の会」に参加し、そこに自分の「居場所」を見つけだすなかで変わっていきます。企業社会を支配する「競争原理」とは異なる、「共感原理」で結びつく受容的な人間関係のなかに身をゆだね、「あるがまま」の自分が受けいれられ、自分を責める心から解放され、自分自身がまるごと癒されていくなかで、子どもとの適切な距離を置いて子どもと向き合えるようになっていくのです。

そうすると親としてのわが子への願いや期待に変化が生じます。心から子どもが「あるがまま」の自分を生きてくれたらよいという気持ちになっていきます。すなわち自分が身をおく人間関係を変えていくなかで、親自身と子どもとの関係も組みかえられ、子どもへの願いや期待が組みかえられていくのです。

またそのなかで企業社会の競争原理に支配され、管理に従順な「よい子」の生き方を相対化し、それを越える生き方を考えることもできるようにもなっていきます。今日の日本の企業社会は、有能で従順な「役に立つよい子」のアイデンティティをつねに求めつづける社会です。そのなかで私たちは相対的な有能さと従順さを競いあうことを強いられています。

そういう社会にたいして子どもたちが時に死を賭して問いかけているものは、何でしょうか？そういう問いに答えを出すことも可能になります。「売りものになる能力」を備え有能であることによって自分の価値を証明するというレベルでのアイデンティティではなく、それぞれが、それぞれの「自分（いのち）」を精一杯生きていることへの相互の共感に結ばれた関係のなかで得られる「かけがえのない自分」を生きるというアイデンティティではないでしょうか。

いまの日本の教育は、人材を育てる教育に偏っています。人材は役に立つ「有用性」を備えて初めて「存在価値」を認められます。そのような「有用性」をもたない（と思い込む）子どもは自分の「存在価値」を否定することになります。その結果「自分みたいな役立たずは、死んだ方がましだ」という思いにたどり着いてしまうのです。そういう事態から子どもを解放してやるのが、わたしたち親や大人の当然の役割ではないでしょうか？

「手記」にもみられますように、「親の会」では競争社会が強いる有能さや強さという価値基準から解放され、職業や肩書きを超えた丸ごとのその人の持ち味や思いを大切にし、共感し合う関係を創造しながら、親自身が新たなアイデンティティを見つけだしていっているように思います。

そうした親自身のネットワークを広げていくことが、親自身の生き方の再構築につながり、思春期の「第二の誕生」を難産や流産に終わらせない社会を生みだしていくことにつながるのではないでしょうか。私たちが長年かかわってきた人間の集団「登校拒否・不登校問題全国連絡会」は「登校拒否・不登校」という問題を縁にして集まった、「問題縁」で結ばれたコミュニティです。そういうコミュニティが日本全国にあちこちにできてネットワークを作ってきています。

「手記」の中でお父さんが「昨今、各種の相談支援機関が増えたことで援助されやすい時代になりました。一方で相談支援機関と親との個別の直線的関係のみということも気にかかります。相談の目的が解決（学校復帰）を想定していることも多く、解決を急ぐあまりに、親どうしでつながり、じっくり語り合い、学び合う機会も失われているような気がします。

家庭内で親子が悪戦苦闘していくには、親がそれに耐えうる力が必要となります。お互いに辛い気持ちを語り、そして聴く。その繰り返しを『親の会』で積み重ねることで、子どもとの悪戦苦闘も可能になると思います。相談支援機関を利用しつつも、こころから安心でき、そしてみんなで成長していける親自身の居場所としての『親の会』は、とても大切な存在だと確信しています」と書いておられます。

また、お母さんが「今の時代は、インターネットの情報、病院、カウンセリングなど、個別のサポートは、いろいろ探しそしてお金を払えば、継続的な親身なサービスは受けられるのかも知れません。個別のサポートはもちろん重要です。同時に、繋がりあうということをしないと、親自身の価値観の転換をしていくという、大きな仕事は、できないなあと感じています。

子どもたちもですが、親世代（私たちの世代）も人間関係がバラバラになってきた世代です。保育園や学童の父母会の存続も大変でした。現実の厳しさの中でも、公教育を豊かにし、すべての子どもの『生きること　育つこと』を守っていくためにも、そして親自身が安心していくためにも、さまざまな『親の会』がうまれ、つながりあい、考え続ける大人の輪が大事なのだと思います」と書いておられます。

また「手記」のなかでお母さんが紹介されている親の会「コスモスの会」のコスモスのように、共に揺れることで倒れないように支え合いながら、自分のしんどさやつらさを全部さらけ出して、それを受け入れてもらえるような（共感的・受容的な）人間関係の中で、自己回復や成長の力を信じられるようなっていきます。

コスモスのように共に揺れながら支え合う自然で大らかな関係のなかで、親自身のなかに「自分が自分であって大丈夫」という自己肯定感がふくらんできます。そうすると子どもの自己回復力や成長する力を信じられるようになってゆくのです。だから私は自助グループとしての「親の会」のような集まりがとても大切だと思うのです。

相談員の先生から「もう少し家族と向きあう時間を作ったほうがいいですよ。まず、お父さんが価値観を変えないと」と言われ「一般論として正しいかもしれないが、今の立場、今までの生き方から、それはできない。一所懸命仕事をし、家を守っている。私には部下の生活全てがかかっている。今の価値観を放棄することはできない。息子を変えてくれ」と言い返したお父さん。

そのお父さんはやがて「私は交流会を通じて、会社では得られない、肩書をはずした、ありのままの自分でつきあえる〝新しい〟人間関係との出会いで、自分自身の全体性を取り戻すことができ、自分自身のことを考える時間を与えられていた。今まで、私たち親子が多くの人に支えられ、励まされていたことへの感謝の念もあって、交流会のつながりを引きずり続けている」と言うまでに変化されたのです。

このように親同士がむすびつくコミュニティと人間関係がとても大事なのは、自分のつらいことやしんどいことを「ありのまま」に自己表現して、それを受け止め合えるような人間のつながりの中でこそ自分の自己表現の力が育つし、お互いに理解し合えるコミュニケーション能力も育つ「道場」であるからであり、そのことを通じて、親同士がお互いに「あるがまま」の存在そのものを受けいれ合うことを通して、親が全体性をとりもどす「癒しの場」であるからです。私自身は心理臨床家としてそういうコミュニティと歩みを共にしたいと「登校拒否・不登校問題全国連絡会」と共に生き抜いてきたように思います。

（心理臨床家、登校拒否・不登校問題全国連絡会世話人代表、立命館大学名誉教授）

登校拒否問題の現状と課題

前島　康男

はじめに

登校拒否問題は、現在、以下にふれるように、戦後第二の激増期を迎えています。また、ひきこもり問題も大きな社会的問題になっています。そこで、私たちは、今こそ英知を集め、問題のありかと問題発生の原因を科学的につかみ、これまでの実践と運動をふまえ、解決のための課題を明確にする必要があります。

1、登校拒否の現状

登校拒否は、1980年代以降戦後第一次の激増期を迎えました。そして、2001年度から十数年の高止まり期を経た後、安倍内閣が全国いっせい学力テストの都道府県順位を発表し始めた2013年度から再び増加し始め、現在、戦後第二の激増期を迎えています（註1）。

そして、2018年度では、登校拒否は、小中高で約25万人存在します。特に、中学生の増加の割合が高く、日本財団調査によると中学生の「登校拒否傾向」のある生徒は、約33万人おり、文科省調査と合わせると計43万人で全国の中学生約325万人の8人に1人、約13％も存在します（註

2)。この数は、今後、現在の社会と学校のあり方が変化しない限り、急激に増え続けることが予想されます。今やまさに、どの子も登校拒否になる可能性のある時代を迎えています。

以上の、登校拒否とそれに関連するひきこもり問題は、今や大きな社会的な問題の一つになり、国民的・社会的な解決が求められています。

2、登校拒否はなぜ増え続けているか

政府・文科省は、以上のような登校拒否の戦後第二の激増期を迎えるにあたり、一定の問題意識は持ちつつも「高止まり」だと事実から目をそらしつつ、のちにふれるように問題を逆手にとり、Society5.0 社会（注3）における公教育の解体＝教育の市場化・民営化路線の方向に登校拒否問題を流し込もうとしています。

そこで、私たちは、登校拒否増加の真の原因をつかみ解決の課題を明らかにし、道筋を探っていく必要があります。

これまで、登校拒否増加の原因を説明する仕方は、私の知る限り以下の三つがあります。

第一は、「子どもの権利条約市民・NGO報告書をつくる会」による、次のような説明です。〈つくる会は、過去三度にわたって代替的報告書を国連に提出し、子どもに加えられているプレッシャーの程度を測る指標としていじめ、不登校、校内暴力、および自殺の四つを用いてきた。いじめはプレッシャーの転嫁を、不登校はプレッシャーの忌避を、校内暴力はプレッシャーへの攻撃を、そして自殺はプレッシャーを感じる自分への破壊を意味しているからである。これら四つの現象が公教育から与えられているプレッシャーを原因としていることについては日本社会において異論が

提起されたことはない〉（子どもの権利条約市民・NGO報告書をつくる会、2018：P20）。

この説明はかなり説得的です。そうすると、上記プレッシャー＝ストレスを生んでいる原因は何かをつかむことが必要になります。

第二は、高垣忠一郎氏による、次のような説明です。

〈「思春期の第二の誕生」が、今日の「スピードと効率を追い求めて突っ走る日本社会の論理と『競争原理』に圧迫された『狭い産道』をくぐり抜けて誕生しなければならない」ための「『難産の苦しみ』の一つの現れが登校拒否であり、その遅延した姿が『ひきこもり』である」〉（高垣他『ひきこもる人と歩む』2015：P105）。

この説明も、確かに私の出会ってきた子ども・若者の現状に照らして説得的です。そうすると、「スピード効率を求めて突っ走る日本社会の『競争原理』」がどのように子ども・若者を抑圧しているのかを具体的に追究することも重要な理論的課題になります。

さらに、第三に紹介したいのは、村澤和多里氏の説明です。氏は、自らの臨床体験と諸調査を踏まえ、登校拒否およびひきこもりに関して、いじめ体験の及ぼす影響が少なくないと指摘します（村澤、2017年度北海道大学博士論文参照）。

また、横湯園子氏も自らの臨床経験等を踏まえ、登校拒否およびひきこもりには、「思う以上に、いじめ被害者が多いのではないかと感じます」（『しんぶん赤旗』2019年11月3日付）と述べます。

この説明も私の臨床経験と合致しますし、登校拒否およびひきこもり当事者の体験とも一致する部分があります。

以上、三つの説明は、それぞれに説得的な側面がかなりあり、学ぶ必要があります。私は、国連子どもの権利委員会からもたびたび指摘されているような「高度に競争的な学校環境」が、社会の競争的な環境の激化と相まって、子どもたちに「抑圧」(repression)を与え、その「抑圧」が登校拒否をはじめ、いじめ、自死、犯罪などを生んでいると思います。そうすると、この「抑圧」をどう取り除くかが重要な課題になります。また、この「抑圧」が場合によっては、親からの期待として特に長男・長女中心にかけられ、「よい学校」を目指す「よい子レース」の疲れが「よい子」の登校拒否を生んでいるということも見逃せません。

3、「Society5.0」と登校拒否問題

それでは、「Society5.0」と登校拒否問題は、どのような関係にあるでしょうか。

まず、経団連等の文書は、押し並べて、登校拒否の増加について危機感を共有しながら、政策提言の推進力として利用しています(詳しくは、註1の拙著を参照してください)。

登校拒否の子どもに関係した政策は、以下の三点です。

まず、第一に、登校拒否の子どもにも「個別学習計画」を出させて、自宅において「個別最適化された学び」をパソコンによってオンラインで学習させることです。この「個別学習計画」は、第一次「馳《はせ》試案」(註4)で出され、その時、関係者の多くの反対によって取り下げられたものです。それが、その後の諸関係の中で復活しました。しかし、小・中で20万人近い登校拒否の子どもの中で、家庭で「個別学習計画」を提出できる子どもは、ごくわずかだと考えられます。そのほかの多くの子どもは、当面は「競争と管理」に基づく学校のにおいのするものは拒否し、基本的に休養したいのが真実でしょう。

第二に、登校拒否及び発達障がいの一部の子どもから、「天才」（下村博文元文科大臣の言葉）及びトップエリートを発掘するという政策です。東大先端科学技術研究所と日本財団の共同事業として、「異才発掘プロジェクト ROCKET」が実施されていることと関係しています。

第三に、経済界を中心に提起され、現在中教審でも検討されていますが、小学校高学年からの子どもの進級に対する学力テストに基づく「年齢主義」から「修得主義」への転換です（登校拒否等の子どもへの「留年」と「飛び級」制度の導入）。一部の「天才」やエリート「人材」育成のために多くの登校拒否の子どもが犠牲になることはとても許されることではありません。

4、登校拒否問題解決の課題

（1）社会的な側面――新自由主義社会をどう変えるか

あまりにも問題が多い新自由主義社会（註5）は、特に今日のコロナ危機の中でその矛盾が露呈しています。その社会を変えるには、まず、政治のあり方を変えなければなりません。しかし、同時に、そのためには、私たち親も、どのような社会をイメージするのかという〝対案〟を持たなければ説得力がありません。

この〝対案〟について、私は、ひとまず見田宗介氏の『現在社会はどこに向かうか』（見田、2018）に学び提示したいと思います。見田氏は、新しい社会像へ至る公準として、第一に、positive、肯定的であること。第二に、diverse、多様であること。そして、第三に、consummately、現在を楽しむということ、をあげています（見田、2018：P153-154）。そして、このような三つの公準を「統合し、具体化したイメージの一つを提起するならば、〈胚芽をつくる〉ということである。新しい世界の胚芽となるすてきな集団、すてきな関係のネットワークを、さまざまな場所で、さまざまな仕方で、いたるところに発芽させ、増殖し、ゆるやかに連合する、ということである」（見田、2018：P155）と述べます。

私は、このような胚芽は現在日本の至る所に発芽していると思います。教育の分野では、登校拒否およびひきこもりについては、「親の会」や「居場所」、貧困な子どもの学習支援の大きな広がりとしての「無料塾」、あるいは、「子ども食堂」の爆発的な広がりなど、政治の分野では、「9条の会」や「市民と野党の共闘」の大きな広がりなどがあります。

同時に、以上の胚芽がそれぞれネットワークを豊かに形成していることが重要です。

（2）登校拒否およびひきこもり問題解決の道筋――制度面について

「いじめ防止対策推進法」（2013年）の制定に次いで、「教育機会確保法」（2016年）が制定されたのは、いじめ問題と同様に、登校拒否問題も法で対応しなければならないほど、問題が顕在化してきたからです。しかし、「いじめ防対法」も「教育機会確保法」も問題発生の原因にメスを入れないその場しのぎの一時的なものです。それでは、いじめも登校拒否もはたまた、子どもの校内暴力や自死も増えこそすれ決して減少せず、問題の解決には向かわないと思います。

先にふれた今日の学校において、抑圧を生む原因の中心である学力テスト上位を目指す競争は、全国で益々激化しています。その結果、子どもたちを苦しめ、教師も苦しめています。

このような、学力テスト体制から、子どもや教師たちを解放するためにも、一刻も早く「全国一斉学力テスト」をまず廃止し、10年に一度の抽出テストにする必要があります。また、今やOEC

D諸国でも稀になった高校入試も廃止する必要があるでしょう。また、教育予算の大幅増による30人学級の実現や教員の増加などにより「ブラックな教育現場」を変えていくことも必要です。

(3) 登校拒否およびひきこもりの「親の会」と「居場所」づくりの実践をさらに深めつつ広げる

「親の会」の代表的な全国組織である「登校拒否・不登校問題全国連絡会」(略称:全国連)は、結成以来25年以上が経過しています。また、「全国連」に参加しない「親の会」も含め、全国には何百もの「親の会」が存在します。この実践を「親の会」の三つの役割を踏まえ、さらに広げること。あるいは、現在、全国各地で進められている「居場所」づくりの実践を交流しつつ、さらにその意味を深めることも大切な課題の一つです。登校拒否が戦後第二の激増期になり、登校拒否の小中高校生が約25万人も存在する現在、「全国連」や各地の「親の会」そして「居場所」の役割がますます大きくなっていることを認識することが重要です。

(教育学・教育行政学、東京電機大学教授)

(註1) 前島康男(2020)『登校拒否・ひきこもりからの〝出発《たびだち》〟—「よい子」の苦悩と自己形成—』東京電機大学出版局

(註2) 日本財団(2018)『不登校傾向にある子どもの実態調査—メディア向け説明会資料—』

(註3) Society5.0(ソサエティ5.0)▼1狩猟社会、2農耕社会、3工業社会、4情報社会に続く「第5の社会」として、AI(人口頭脳)とインターネット中心の社会を構想。安倍内閣が2016年に「科学技術基本計画」として策定した。日本経済団体連合会(経団連)がかねてから提唱してきたものでもあった。新自由主義に基づく社会構想でもある。2018年には関係閣僚会議が「Society 5.0に向けた人材育成〜社会が変わる、学びが変わる〜」と

の文書を決定、この構想を基に「上からの教育改革」をさらに推進しようとしている。

（註４）「馳試案」▼２０１５年、超党派の「フリースクール等議員連盟」が中心になってまとめた「座長試案」。そのなかに、不登校の子どもの保護者が「個別学習計画」を立案して地教委に提出、認められれば義務教育の就学義務を免除される（したがって子どもは学籍から除外され、表向き「不登校」ではなくなる）との項目があった。しかし、多方面から批判が出て、この項は実現しなかった。当時、座長を務めた馳浩衆議院議員の名をとって「馳試案」と呼ばれた。

（註５）新自由主義▼１９８０年代にイギリスのサッチャー政権、アメリカのレーガン政権が始めた「自由競争原理」万能の経済政策。「小さな政府」を目指して、社会保障切り捨て、公共事業の民営化が推進され、競争と自己責任が強調されてきた。それが今日まで全世界に広がり、日本でも小泉内閣から安倍内閣へと受け継がれてきた。第２次大戦後、多くの国では「福祉国家」を目指した財政政策が取られてきた。日本国憲法も国民の生存権を保障する一方、財産権には必要な規制を加えている（「財産権の内容は公共の福祉に適合するやうに、法律でこれを定める」憲法第29条第2項）。ところが、新自由主義のもとで「規制緩和」と称して民主的な規制が撤廃ないし緩和されてきた。

あとがき

この本を編集したのは、親、教員、研究者、いろんな立場の全国連絡会会員たちです。もとになったのは、主に、25年間全国の会員の語りあいの場として発行されてきた全国連絡会ニュースです。

初期のころは、まだ、相談機関も親の会も身近にはなかなか見つけられなかった時代でした。当時の資料をひもとくと、親が親どうしの交流を求め、語りあえる場をつくらずにはいられなかった、その切実な思いが伝わってきます。

「一人ぼっちで悩む親がいなくなるように」
「学びあおう、語りあおう、子どもたちをまんなかに」
「悩みの尽きない親どうし、ともに揺れながら待とう」

親も子も、登校拒否がなかったら歩まなかったかもしれない人生を歩みました。

自分の思いを話せて聞いてもらえる場にめぐりあったとき、
親は登校拒否が家庭内にとどまる問題ではなく、社会的な問題であることを知りました。

親が親自身の言葉で書くことは自分を一歩前に進めるきっかけになり、全国連絡会ニュースをとおして全国の人びととつながったことは、子どもと向きあって生きる力になりました。

教員にも教員の悩みや葛藤がありました。

どの子にとっても、のびのびと過ごせる学校であってほしい。

それは全国連絡会の当初からの立場であり、公教育に寄せる願いです。

親が親だけでなく、教員、相談員、研究者や支援者ともつながって歩んできたのが全国連絡会でした。

そうした一人ひとりのあゆみを25年の歴史として編んだのがこの本です。

編集の過程で、25年分の全国連絡会ニュースに掲載された二千本近い手記や、教育研究集会で報告されたレポートなどのなかからたくさんの文章を時間をかけて読み合わせました。

それは、自分たち自身のあゆみを見直す時間でもありました。

貴重な、しかし辛かった時間を思い出しながら今回、文章の加筆や手直しをして下さった執筆者のみなさんには、心から感謝します。

この本がよりよい社会をつくるための一つの財産となったら幸いです。

学校は本来楽しく学ぶ場所のはずなのに、今の学校は、子どもにとっても親にとってもしんどいものになっているのが悲しいです。

この本が、今学校に行けなくて苦しみ悩んでいる親子にとって希望になれたらと願っています。

そして、また、不登校にかかわる人びとはもちろんのこと、あらゆる場所でこの社会の生きづらさに苦しんでいる人びとをはじめ、多くのみなさんに読んでいただきたいと願っています。

登校拒否・不登校問題全国連絡会25年のあゆみ編集委員会

【資料１】登校拒否・不登校問題全国連絡会とは

1980年代半ば、登校拒否・不登校になる子どもたちが急増しました。

今よりももっと支援のなかった時代で親は孤独でした。

“同じ立場の親どうし、本音で交流しあえたら……”

“一人ぼっちで悩む人をなくしたい”

「登校拒否・不登校問題全国連絡会（全国連）」は、そうした願いからスタートしました。

全国各地で、親どうし、また教職員、専門家とも連携して、この問題に取り組む集まりができていくなかで、1995年に結成されました。

現在、多くの個人会員と、各地の親の会や研究団体などの団体会員がつながり、地域の垣根を越えて交流しあい学びあうことを中心にして活動しています。

【全国連絡会申し合わせ】

1（名称）この会は「登校拒否・不登校問題全国連絡会」といいます。

2（目的）この会は、すべての子どもたちが生き生きと自立へ向かって成長できることを願って、

①登校拒否・不登校のことで一人ぼっちで悩む親や教師がなくなるよう、お互いに支えあい励ましあい、

②一人ひとりの子どもたちの発達が保障される教育環境づくりをすすめることをめざします。

3（活動）この会は次の活動を行います。

①父母と教職員が手をつないで、専門家をはじめ登校拒否・不登校問題に関心のある個人や団体とともに、この問題について学習し交流します。

②各地で活動を交流し、お互いに学びあい、活動の発展に役立てます。

③登校拒否・不登校の子どもや、親や教師の願いをもとに、教育行政や文教政策の改善を要求し、必要な活動を行います。

④ニュースを定期的に発行します。
⑤その他、会の目的達成のために必要なことをします。
4（会員）この会は以上の目的や活動に賛同する個人および団体をもって構成します。
5（運営）この会は若干名の世話人をおき、世話人会の合議によって運営します。世話人会には代表者一名をおき、事務局をおきます。
6（事務局）この会の事務局は当面大阪教育文化センター内におきます。
〒543-0021 大阪市天王寺区東高津町7-11 大阪教育会館706号室東
7（財政）会の財政は会費および寄付金をもってまかないます。

【全国連絡会の活動】

●「全国連絡会ニュース」

年間４～５回、20～30頁の小冊子をすべての会員に届けています。全国の会員から原稿を募り、親の率直な思いや体験談、各地の親の会や交流会、講演録、などを載せ、交流しあいます。本書に載せた手記の多くは、これまでの全国ニュースに掲載されたものです。

●「登校拒否・不登校問題全国のつどい」

全国連結成の翌年からは、ゆっくりと交流しあえる場を持とうとの思いから、「つどい」を全国持ち回りで開催するようになり、今日に至っています。（資料２参照）

「学びあおう、語りあおう、子どもたちをまんなかに」を合言葉に、登校拒否・不登校で苦しんでいる子どものことや、それを見守る親の心の内を語りあう交流を続けています。

また、ともに悩み考える立場の教員、相談員、研究者、そのほか、関心をお持ちの方々も参加し、地域や学校でどういう関わりや取り組みが必要なのかについても語り合います。

毎年各地で実行委員会が結成され、全国連絡会と共催で、地元と全国から自主的に参加する世話人があつまって準備します。

例年、多くは次のような内容で開催されてきました。

＊記念講演、基礎講座、など学びの場

＊分科会（資料３参照＝全国のつどい要項より）

・「小学生」「中学生」「高校生」等、学齢に分かれた分科会

・「障害のある子」「学校との関わり・学校づくり」「青年期の課題」「進路と自立」「居場所作り」「家族・家庭の役割」「手をつなぐ輪をひろげて」「医療との関わり」「非行との関わり」等、課題に分かれた分科会

・そのほか時期や地域に応じた分科会。

（分科会は何かを研究したり決める場ではなく、交流を目的に語り合い気づきを得ていく場です）

＊宿舎での夕食交流会、宿泊部屋や小グループでの自発的な交流会

＊当事者や子どものための「ひろば」、休憩所、ギャラリー、書籍販売コーナーなど、ゆっくりすごせる居場所

●「すべての子どもたちが生き生きと自立へ向かって成長できることを願って」

登校拒否・不登校は、本人や家庭だけの責任にされがちですが、1992年には、文部省（当時）が「どの子にも起こりうる」という見解を出し、国連「子どもの権利委員会」からは「過度に競争的な日本の教育制度」に対しての勧告が出ています。

今、子どもたちをとりまくさまざまな問題があります。それらと無関係に登校拒否問題が解決することはありえません。私たちは、学校に行っている子どもたちも含めてどの子にとっても生きやすい学校・社会であってほしいと心から願います。

全国連絡会は、「日本母親大会実行委員会」「子どもの権利・教育・文化センター」「子どもの権利条約　市民・NGOレポートをつくる会」「みんなで21世紀の未来を開く教育のつどい―教育研究全国集会実行委員会」などに会として団体加盟し、一緒に力をつくしています。

「教育のつどい」（教育研究全国集会）の登校拒否問題分科会には、毎年、親のレポートを何本か出して、多くの教員、研究者といっしょに、参加してきました（本書にもそのいくつかを載せています）。

【資料2】全国のつどい一覧（1996－2020）

	講　演	講　　師	開催地・場所	実行委員長	参加数
第１回 1996.8.25～26	希望へのはじまり ―登校拒否の子どもと共に歩む―	横湯園子 北海道大学教授	【大阪府池田市】 不死王閣	なし （松本弘義:全国連絡会世話人代表）	593
第２回 1997.8.23～24	～安心できる「居場所」を家庭・地域・学校に～ 登校拒否をどううけとめたらよいか	窪島　務 滋賀大学教授	【大阪府池田市】 不死王閣	なし （松本弘義:全国連絡会世話人代表）	600
第３回 1998.8.2～3	登校拒否と向き合って ～いま何が問われているか～	高垣忠一郎 立命館大学教授	【京都市】 同志社大学、他 石長松菊園（宿泊）	窪島　務 滋賀大学教授	941
第４回 1999.8.28～29	生きる力をはぐくむ	茂木俊彦 東京都立大学教授	【東京都新宿区】 日本青年館	石川二郎 東京総合教育センター	1,200
第５回 2000.8.26～27	登校拒否とどう向き合うか ～子どもたちが教えてくれたこと～	広木克行 長崎総合科学大学教授	【滋賀県大津市】 琵琶湖グランドホテル	中島　修 近江兄弟社学園長	995
第６回 2001.8.4～5	子どもたちの未来と生き方探し	三上　満 東葛看護専門学校長	【新潟県越後湯沢町】 NASPAニューオオタニ	吉田三男 新潟市教職員組合委員長	600
第７回 2002.8.24～25	いま　子どもたちが問いかけるもの	望月　彰 大阪府立大学教授	【兵庫県宝塚市】 宝塚グランドホテル	植田健男 名古屋大学大学院教授	900
第８回 2003.8.9～10	登校拒否・不登校の子どもたちから学んだこと ―新しい生き方を模索する―	高垣忠一郎 立命館大学大学院教授	【北海道札幌市】 定山渓ホテル	門前真理子 父母・親の会「トポス」代表	706
第９回 2004.8.28～29	子どもたちの未来と日本の教育改革 ―私たちの「人間的な自立」を目指して―	植田健男 名古屋大学大学院教授	【和歌山県白浜町】 南紀白浜温泉「ホテルシーモア」	松浦善満 和歌山大学教授	762

第10回 2005.8.27～28	今日も悩みながら ～ひきこもったこと、小説を書いたこと、そしていま～	旭爪あかね 作家	【千葉県千葉市】 ホテルサンガーデン千葉他	三輪定宣 平成帝京大学教授	610
第11回 2006.8.26～27	後ずさりしながら未来へ歩む ～もうひとつの幸福感を考える～	庄井良信 北海道教育大学大学院教授	【大阪府箕面市】 箕面観光ホテル	松村忠臣 元全教中央執行委員長	750
第12回 2007.8.25～8.2	登校拒否･不登校、ひきこもりからの出発 ～子どもと大人が共に生きる道～	横湯園子 中央大学教授	【宮崎県宮崎市】 サンホテルフェニックス	橋迫和幸 宮崎大学教授	581
第13回 2008.8.9～8.1	子どもたちの生きづらさはどこから来るか ～不登校を手がかりに、共に生きる希望をさぐる～	中西新太郎 横浜市立大学教授	【京都府京都市】 ホテル平安の森京都	古河一秀 父母	765
第14回 2009.8.29～8.30	ゆれる子どもの心に聴く	庄井良信 北海道教育大学大学院教授	【岩手県花巻市】 花巻温泉　ホテル千秋閣	三宅　均 岩手県青少年自立支援センター「ポランの広場」理事長	497
第15回 2010.8.28～8.29	私は私でいたい ～命の光を輝かせるために～	松崎運之助 元夜間中学教師	【埼玉県秩父市】 ナチュラルファームシティ農園ホテル	馬場久志 埼玉大学教授	574
第16回 2011.8.27～8.28	子どもを支える親たちに学びつづけて ―親が変ることの意味―	広木克行 大阪千代田短期大学大学学長	【長崎県佐世保市】 九十九島観光ホテル	澤田　修 精神科医:天神病院副院長	561
第17回 2012.8.25～8.26	登校拒否･不登校の子どもたちによりそう ～教えられたことと、今思うこと～	澤田　修 精神科医　長崎県佐世保市天神病院副院長	【奈良県橿原市】 橿原ロイヤルホテル	生田周二 奈良教育大学副学長	620
第18回 2013.8.3～8.4	未来は現在の中にある ―どう親や地域社会が子どもに寄りそえるか―	横湯園子 元中央大学、元北海道大学教授、臨床心理士	【北海道帯広市】 十勝川温泉　ホテル大平原	庄井良信 北海道教育大学大学院教授	451

第19回 2014.8.2～8.3	つながって生きるということ ～子ども・青年の自己形成と支援～	春日井敏之 立命館大学教授	【滋賀県大津市】 琵琶湖グランドホテル	那須光章 びわこ学院大学教授	647
第20回 2015.8.29～8.30	『管理と競争の教育』のなかで育つ子どもたち	植田健男 名古屋大学大学院教授	【愛知県犬山市】 名鉄犬山ホテル	折出健二 人間環境大学特任教授	608
第21回 2016.8.27～8.28	子どもの立ち上がりを支えるとは ～伴走者になった親たちに学んで～	広木克行 神戸大学名誉教授	【兵庫県神戸市】 シーサイドホテル舞子ビラ神戸	船寄俊雄 神戸大学教授	620
第22回 2017.8.26～8.27	子ども・青年にゆったりとした子ども時代を ～登校拒否・不登校からみえてくるもの～	横湯園子 元中央大学教授	【東京都多摩市】 多摩永山情報教育センター	児玉洋介 東京総合教育センター長	641
第23回 2018.8.25～8.26	いのちと自己肯定感は愛で育つ	高垣忠一郎 心理臨床家、立命館大学名誉教授	【大阪府大阪市】 エル・おおさか ドーンセンター	福田敦志 大阪教育大学准教授	617
第24回 2019.8.31～9.1	私という宝物 ～ともに生きるまなざしから～	松崎運之助 元夜間中学教師	【長崎県佐世保市】 九十九島ベイサイドホテル＆リゾートフラッグス	澤田　修 精神科医:天神病院副院長	612

※肩書きはすべて当時のものです。

【資料３】全国のつどい分科会一覧

①小学生の登校拒否・不登校

幼稚園・保育園（所）等への行きしぶり、入学早々の登校しぶりや学年途中で行きにくくなった子どもが増えています。いじめがきっかけになる場合もあります。休んでしまうと長引かないかと心配になります。親と子のかかわり、学校とのかかわりなどについて語りあいましょう。

②中学生の登校拒否・不登校

学校生活の変化へのとまどいや息苦しさ、思春期特有の心の揺れ、友達や先生とのかかわり、進路のことなどがいっそう子どもの悩みを深めています。子どもの思い、親と子のかかわりなどについて語りあいましょう。

③高校生の登校拒否・不登校

高校に行けなくなると、不安や焦りの中で子どもは悩みながら自分と向きあい、進路や生き方を探すようになります。

留年・転校などゆれながら将来を模索する子どもを、親はどう見守りどうかかわればいいのか語りあいましょう。

④障がいがある子どもの登校拒否・不登校

子どもに障がいがある、または、あるかもしれないと悩んでいる親と教師、関係者が交流しましょう。発達障がいなどについても、悩みや不安を出しあいましょう。

⑤学校とのかかわり・学校づくり

子どもたちの成長・発達を見つめ、学校に行けない、行きづらい子どもを支えるために、親や教師は何ができるでしょうか。ともに手をつなぎ、子どもが主人公の学校を作っていくにはどうすればいいのか語りあいましょう。

⑥青（成）年期をともに生きる

学校から離れると、その「しばり」から解かれる一方、親も子もどこにも所属していないという不安がつのります。また、人や社会とのかかわりに困難を抱えていたり、いわゆる「ひきこもり」といわれていたりする、青（成）年期の本人・家族の悩みを語りあい、交流しましょう。

⑦さまざまな進路・自立に向かって

学校に行けなくなると、進学や就職、将来の生活まで閉ざされてしまうのではと不安になります。自分をじっくり見つめることも、自立への営みではないでしょうか。自立とは？ さまざまな進路とは？ たっぷり語りあいましょう。

⑧居場所とは

A　学齢期の子どもが安心できる居場所とは？ 行政の適応指導教室のあり方なども含め、子どもや親の願いに応えられる居場所について語りあいましょう。

B　青年が安心して集まり交流できる「場」とは？ 自立に向けてどんな支援や援助体制が求められているのでしょうか。また親には何ができるのでしょうか。行政への働きかけなど、それぞれの経験を語りあいましょう。

⑨親・家族の役割と家庭づくり

子どもの成長・自立を支える上で親・家族の援助は大切です。

家庭が安心できる場になると、子どもは落ちつきを取り戻します。親の生き方や価値観が問われることもあります。親や家族はどう子どもを見守ればいいのでしょうか。交流し、語りあいましょう。

⑩手をつなぐ輪を広げて

わが子の登校拒否・不登校に悩む親たちが、地域でどう手をつないでいけばいいのでしょうか。「親の会」の活動のあり方は？ 地域の「親の会」と相談機関や学校・行政とのかかわり、専門家との連携などについても語りあいましょう。

⑪医療とのかかわり

子どもに医療的なケアが必要ではないかと悩んでいる親と関係者が交流しあいましょう。医療へのかかわり方など悩みや不安を出しあい、語り合いましょう。

⑫登校拒否・不登校と「非行」

「学校に行けない」「行きたくない」「居場所がない」「学校が入れてくれない」など、息苦しさを「非行」という行動で表現する子どもたちの心の叫びをどう受けとめ、どうかかわっていけばいいのでしょう。「信じて待つ」とは…

家庭・学校・親の会・その他の機関との連携についても語りあいましょう。

《連絡先》

登校拒否・不登校問題全国連絡会

〒 543-0021
大阪市天王寺区東高津町 7-11　大阪教育会館 706 室東

［ホームページ］ https://zenkokuren.jp

登校拒否・不登校—親たちのあゆみ—

2020年11月 1 日　第 1 刷発行

編　者　©登校拒否・不登校問題全国連絡会
25年のあゆみ編集委員会
発行人　竹村正治
発行所　株式会社 かもがわ出版
〒602-8119 京都市上京区堀川通出水西入ル
TEL 075(432)2868　FAX 075(432)2869
ホームページ http://www.kamogawa.co.jp
印刷所　シナノ書籍印刷

ISBN978-4-7803-1122-8 C0037